Matthias Opdenhövel

Die Schnellficker-Schuhe
und andere Geschichten

Matthias Opdenhövel

Die Schnellficker-Schuhe und andere Geschichten

Erlebnisse eines VIVA-Moderators

vgs

Matti sagt danke:

Alexandra (♥), Ma Bärbel, Pa Horst, Nico, Steffi, Ebi, Fritzchen, Gisela, Willfred, Annette, Aleks (Seh' ich dick aus?), Vanessa (Zier' di net!), Petra, Andrea S., Mola, Nils, Tobi, Christian (Gregor Grillemeier), Maja (Olivia), Christoph, Sveni (Blackout), Andrea B. (easy, Mann!), Till (Rrrrrrrr), Farid (Garagendachgepäckträger), ralley (aus Köln!?), Suzanne & Candida (Principle), allen bei Viva, vgs und Borussia Mönchengladbach (UUUEFA CUP!!)

und ganz besonders Bono, Campino und Smudo

Die Deutsche Bibliothek – CIP-Einheitsaufnahme

Opdenhövel, Matthias:
Die Schnellficker-Schuhe und andere Geschichten : Erlebnisse eines VIVA-Moderators / Matthias Opdenhövel. – Köln : vgs, 1998
ISBN 3-8025-2619-8

Lektorat: Katja Hoffmann, Köln
Satz: TypoForum, Singhofen
Druck: Graphischer Großbetrieb Pößneck, Pößneck
Printed in Germany
ISBN 3-8025-2619-8

Inhalt

Schenk ein, Brille!

Vorwort

Zum ersten Mal verschwendete ich einen Gedanken an dieses Buch im vergangenen Herbst, morgens gegen 4 Uhr 30 in Essen-Holsterhausen. Ich saß zusammen mit meinem besten Kumpel und dessen Freundin in einer WG-Küche und hatte gerade stundenlang über meine ach so spannende Südsee-Tour palavert. »Das mußt du aufschreiben!« war ihr einhelliger Kommentar. Klingt ja ganz gut, aber im Schreiben habe ich mich nie so richtig zu Hause gefühlt. Deshalb bin ich ja auch beim Fernsehen gelandet und nicht im Feuilleton. Außerdem hat mir schon damals mein Deutschlehrer gesagt, daß ich zwar nicht blöd sei, mich aber lieber auf meine mündliche Mitarbeit verlassen solle, da käme mehr bei rum.

Aber irgendwas brachte mich dazu, mir das mit dem Buch doch mal zu überlegen. Vielleicht war ich einfach übermüdet. Vielleicht fiel mir aber auch gerade ein, daß meine VIVA-Anekdoten in lustiger Runde nie so schlecht angekommen sind, besonders bei einem flüchtigen Bekannten aus Oesterholz. Der hörte mir eines Abends so interessiert zu, daß er mich immer wieder mit den Worten »Schenk noch mal ein, Brille!« anfeuerte. Damit meinte er allerdings nicht nur meine Erzählungen, sondern vor allem die Flasche Rotwein neben mir.

Auch wenn ihr jetzt kein Glas zur Hand habt, werde ich ein bißchen was spendieren. Cheers!

Ich mach' das nicht!

Vom Radio zu VIVA

»Bitte schreiben Sie sich den Zusatz ›auch bei Kompetenzüberschreitung‹ dahinter.«

Der Mann, der mich recht unpersönlich zu dieser Ergänzung aufforderte, stand an einem grell leuchtenden Overheadprojektor, etwa 150 Meter Luftlinie von mir entfernt. Er war unappetitlich braun gekleidet und mein Professor für Jura I. Ich saß in der Mensa des Neubautraktes der Universität Würzburg und war Studienanfänger in BWL. Um mich herum waren über 600 junge Menschen versammelt, die alle kommentarlos in ihr Bürgerliches Gesetzbuch starrten. Ich schaute mich um, ließ meinen Blick über die fleißigen Gesichter schweifen und hörte der mikrofonverstärkten Stimme gar nicht mehr zu. Wahrscheinlich war ich der einzige in der Herde, der sich diese blöde Anmerkung zum Paragraphen 31 (Haftung des Vereins für Organe) nicht notierte. Und es war mir, ehrlich gesagt, scheißegal, ob dieser Paragraph auch bei Kompetenzüberschreitung seine Gültigkeit hat.

Es war mir so ziemlich alles egal, was ich in den letzten vier Tagen zu hören bekommen hatte. Was machte ich hier eigentlich? Mitten in Unterfranken, in einer Stadt, aus der im Herbst die Nebelschwaden gar nicht mehr verschwinden, wo also das Leben für suizidgefährdete Menschen kein Zuckerschlecken ist. Aber keine Angst, von den Lebensmüden war ich weit entfernt. Ich hatte mich eigentlich schon lange nicht mehr so gut gefühlt wie an diesem Oktoberabend um Viertel vor sieben. Nur meine Eltern taten mir leid, denn die Kohle, die ich in der letzten Woche in diese verdammten Bücher gesteckt hatte, war leider umsonst ausgegeben. Es war nicht mein Geld, es war auch nicht mein Studium, es war überhaupt nicht mein Berufswunsch. Bis zum Ende der Vorlesung musterte ich noch vergnügt die Barbourjacken- und Halstuch-Träger und war später im Bus stolz auf meinen Plan: der schnellste Studienabbrecher seit Bestehen der ZVS zu werden.

Mich reizte nicht der Titel, der offiziell leider gar nicht vergeben wird, sondern der Entschluß. Vor zwei Wochen hatte ich in einem klapprigen Bulli mein blaues Ecksofa, den Lichtenstein-Druck und den Ikea-Schreibtisch nach Zell am Main transportiert, 120 Treppenstufen zum 70er-Jahre-Bungalow aufwärts geschleppt und mich dann bei Familie Bornemann vorgestellt. Ich kam in eine Studentenbude, wie man sie sich im Traum nicht wünscht: Der Gang vom Zimmer zum Klo konnte von den aufdringlichen Vermietern vom Küchentisch aus bestens verfolgt werden, das Kaff lag zwölf Kilometer südlich von Würzburg, ich hatte kein Auto – und die 120 Stufen habe ich ja bereits erwähnt. Diese Unterkunft war symptomatisch für meinen Aufenthalt im Frankenland. Dabei war die Stadt im Sommer, als ich meine damalige Freundin aus dem gleichen Abi-Jahrgang besucht hatte, noch so romantisch. Fünf Monate später war sie es nicht mehr, weil ich keine Freundin mehr dort hatte.

Mein Entschluß stand fest, ich wollte weg. Aber die eineinhalb Monate bis Weihnachten machte ich es mir noch gemütlich. Ich ließ keine Party aus und amüsierte mich ganz gut mit einer Handvoll flüchtiger Bekannter. Am 23. Dezember 1991 saß ich im Zug nach Lippe und packte zur Bescherung einen Tag später mein Päckchen für die Eltern aus:

»Ich werde keinen Fuß mehr in die Uni setzen.« Erstaunlicherweise reagierten sie absolut cool.

»Lieber jetzt als nach zwölf Semestern«, analysierte meine Ma.

Sie erinnerte sich wohl noch zu gut an meine Duschorgien. Mit zehn Jahren hatte ich, den Brausekopf als Mikro in der Hand, regelmäßig Sportreporter und Fußballer in einer Person gemimt:

»Karl-Heinz Rummenigge, was sagen Sie selber zu dem Spiel?«

»Ja gut, ich meine, wir haben nicht zwingend gespielt. Paul Breitner war im Mittelfeld überfordert, und die Flankenläufe von Kalle Del'Haye sind halt verpufft.«

Ich laberte so lange mit mir selber, bis sich Schwimmhäute zwischen meinen Fingern bildeten, unsere Wasserrechnung vierstellig zu werden drohte und meine Eltern sich vor der Badezimmertür kringelig lachten. Aber diese kleinen Anekdoten waren unterm Weihnachtsbaum spielentscheidend. Ja, Sportjournalismus hatte mich schon lange gereizt. Aber ich war immer festen Glaubens, daß so was nur Leute können, die seit der achten Klasse eine Eins in Deutsch hatten. Und da ich diesbezüglich nicht ganz mithalten konnte (siehe Vorwort), hatte ich diesen Wunsch verfrüht in die Tonne getreten. Jetzt holte ich ihn wieder raus. Nachdem sich mein Entschluß, Journalist zu werden, in einem kurzen Skiurlaub über Silvester gefestigt hatte, quetschte ich einen entfernten Nachbarn aus, der für den NDR öfter regionale Handball- und Fußballberichte drehte. Letztendlich landete ich als Hospitant bei einem lokalen Tageblatt. Der sagenumwobene Kaninchenzüchterverein blieb mir zwar erspart, aber ansonsten schrieb ich über alles, was gerade passierte. Sport war nur bedingt dabei, aber für die handwerkliche Basis eines Reporters ist das ja völlig irrelevant. Auch die Kompostiermethode eines Ökobauern aus Schlangen im nördlichen Ostwestfalen kann einen Publizistenhorizont erweitern. Man stellte mir bei der *Lippischen Rundschau* sogar ein Volontariat in Aussicht, weil meine Sätze wohl lesbar waren.

Ich aber nutzte meinen guten Lauf und heuerte beim Lokalradio an, einem kleinen Sender, der das gesamte Lipperland beschallte – oder es versuchte, denn der Funkmast hatte eine erschreckend schwache Reichweite. Als Praktikant eingestellt, schrubbte ich am ersten Tag freiwillig das dreckige Geschirr. Die Sekretärin machte mir schnell klar, daß das nun wirklich nicht zu meinen Aufgaben gehöre, dafür komme abends immer eine Putzfamilie (die im Schnitt drei neue CDs beim Reinemachen mitgehen ließ). Tag zwei begann mit einer Umfrage zum Thema »Für und Wider des neuen Spaßbades in Detmold«. Eine Redakteurin kam in die Küche und fragte mich, welches Fortbewegungsmittel ich für diese Aufgabe nehmen wolle.

»Kann ich vielleicht den Dienstwagen haben?« fragte ich vorsichtig.

»Wie, du hast schon den Führerschein?« schlug mir entgegen.

Ich war damals einundzwanzig. Sie auch. Heute sind wir seit sieben Jahren zusammen. Diese sich andeutende Liaison machte sich bei Radio Lippe nicht besonders gut. Chefredakteur und Vorsitzender hielten ein Pärchen, das bei einem Streit gleichbedeutend mit einem Drittel schlechtgelaunter Belegschaft war, für keine gute Idee. Doch da ich mich bald vom Praktikanten zum fleißigen Moderatoren gewandelt hatte, blieb den Herren keine andere Wahl, als mir im Winter die freie Volontärsstelle zu geben. Das Jahr '92 war also doch noch erfreulich verlaufen, und im nächsten Herbst sollten neue Highlights auf mich zurollen.

Seit dem legendären Westerland-Konzert der Ärzte 1988 hatten Farin Urlaub und Bela B. leider nicht mehr für nennenswerte Musikbeiträge gesorgt. Die Vinyl-Scheiben ihrer Nachfolgeprojekte Depp Jones und King Kong befanden sich zwar in meiner Plattensammlung, und ihre Konzerte hatte ich auch besucht. Doch wohl aus demselben Grund, den auch die restliche Handvoll Fans dieser neuen Bands hatte – als alter Ärzte-Anhänger wollte man sehen, was aus den beiden geworden war. Als dann fünf Jahre später das Gerücht aufkam, Die Ärzte aus Berlin würden wieder gemeinsam musizieren wollen, hielten das so ziemlich alle, inklusive mir, für einen schlechten Scherz. Der einzige, der im Sommer '93 wußte, daß dieses Gerede nicht auf einer Zeitungsente basierte, war Campino. Er hatte mit Bela kurz nach der Ärzte-Trennung um tausend Mark gewettet »In spätestens fünf Jahren seid ihr wieder da.« Die beiden Punks zerrissen den Schein und wollten bei der Wettauflösung mit den beiden Hälften saufen gehen. Und als Campi eines Morgens in seinem Briefkasten einen der Gebrüder Grimm in einem anonymen Umschlag fand, wußte er als erster von der Ärzte-Reunion.

Ein Vierteljahr später erfuhr es auch die Öffentlichkeit, und ich war völlig außer mir, als der Ort fürs erste Konzert bekannt wurde: Bielefeld! Unsere tägliche Jugendsendung hatte endlich mal ein Star-Interview verdient, und so klemmte ich mich dahinter, die Jungs vor mein lokales Radio-Mikrofon zu bekommen. Die Kontakte zum örtlichen Veranstalter waren ganz ordentlich, und außerdem mußten Die Ärzte promotechnisch wieder bei Null anfangen, denn keiner konnte wissen, ob ihre Popularität in den fünf Jahren ihrer Bühnenabstinenz gelitten hatte. Mit anderen Worten: Das Interview wurde bestätigt. Wow! Ich ging mit diesen Hammer-News erst mal bei meinen Freunden hausieren und holte mir ein wenig Neid und ein paar Glückwünsche ab. Und einige Wochen später stand ich mit einem klobigen Aufnahmegerät im völlig ausverkauften PC 69, als der nicht mehr erwartete Dämpfer kam: Das Interview wurde verschoben. Anstatt vor dem Konzert wollte die Band erst danach mit mir reden, ihr Lampenfieber vor dem Neustart war zu groß.

Ich hielt mich während des Gigs mit meiner prallgefüllten Journalisten-Umhängetasche also eher im hinteren Bereich auf und ärgerte mich ein wenig, nicht so rumpogen zu können wie '88 am selben Ort auf ihrer Abschiedstour. Das Konzert war lang (die Ansagen von Farin sind das bekanntlich ebenfalls) und der Auftritt großartig. Die Ärzte wie früher, und jetzt war ich dran! Eine halbe Stunde nach dem Auftritt durfte ich in die kleine Bandgarderobe schlüpfen, baute mein Mikro auf und startete mit Farin Urlaub. Ich packte schon zu Beginn meine Highlight-Fragen aus:

»Was war größer, die Freude, daß der Laden heute rammelvoll war und es also doch noch Tausende Ärzte-Fans gibt, oder der Frust, daß King Kong und Depp Jones damals keiner hören wollte?«

»Es war beides o.k., vor fünf Jahren wollten wir Die Ärzte einfach nicht mehr, jetzt um so mehr.«

Farin antwortete bedächtig und höflich, vor ihm standen, wie immer, Milch und Mineralwasser. Der Ärzte-Gitarrist mit dem größten Wortwitz seit John Cleese sieht zwar öfter aus, als habe er die letzten Jahre nicht gesund verbracht, ist aber absoluter Asket, Vegetarier und Sportfreak. Sein Gegenstück kam etwas später zum Interview: Bela hatte sich draußen noch von den Mädels feiern lassen und setzte sich jetzt mit einer Flasche Jack Daniels zu uns. Seine Antworten waren weniger überlegt und manchmal auch weniger freundlich. Den neuen ruhenden Pol zwischen den beiden Ärzte-Extremen bildete seit der Reunion Rod. Er lernte Bela bei Depp Jones kennen, hatte früher bei den Rainbirds gespielt und schämt sich für *Blueprint* immer noch. Rod sei ein musikalisches Genie, meinten Bela und Farin im Chor, als ich nach dem Neuen fragte.

Das Gespräch war nach einer halben Stunde vorbei, denn der Reporter eines Lokalblättchens wartete schon. Ich schoß noch ein Erinnerungsfoto mit der Band. Erst viel später sollte ich erfahren, wie peinlich so eine Aktion ist. Mir war es damals egal, ich rahmte das Bild zu Hause ein und war stolz wie Oskar. Das Ärzte-Special in *School's out*, der Radiosendung, die schon alleine wegen ihres Namens einen Oskar verdient hätte, war der Straßenfeger in Lippe. Dauernd riefen Kids im Sender an und wollten eines der sechs Ärzte-T-Shirts gewinnen, die ich dem Manager der Band abgeschwatzt hatte. Weil ich die aber auch selber toll fand, landeten zwei davon bei mir im Schrank.

In der kommenden Nacht klingelte um 1 Uhr 30 das Telefon. Leider nicht bei Radio Lippe, sondern bei mir zu Hause. Es war mein Kumpel Olli, der sich auf einer Taxitour langweilte. Er studierte in Berlin, hatte aber seinen Lerneifer im ersten halben Jahr der Unilaufbahn in einen Taxischein investiert. Er cruiste gerade über den Ku'damm, als bei Radio Fritz ein Interview zu einem neuen deutschen Musikkanal gesendet wurde. Der Auskunftgeber hieß Dieter Gorny, und der Sender sollte VIVA getauft und das deutsche Pendant zu MTV werden. Diese Zielsetzung war Mitte '93 ungefähr genauso frech wie die Behauptung, St. Pauli würde Deutscher Fußballmeister. Nach einigem Hin und Her mit den Geldgebern stünde nun das Konzept, sagte Gorny. Was jetzt noch fehlen würde, wären die Gesichter, sprich: Moderatoren. Olli bremste daraufhin den hinter ihm fahrenden Wagen aus, lenkte seinen alten Daimler an den Bürgersteig, knipste das Taxi-Schild über sich aus und notierte schnell die Telefonnummer, an die man sich wenden sollte, falls man Interesse hätte. Der Nachwuchs-Taxifahrer rief nicht dort an, sondern bei mir.

»Du bist doch schon beim Radio, versuch's doch mal mit Fernsehen!«

Generell fand ich seine Idee nicht verkehrt, aber über die Zeit der Informationsübergabe hätte man reden können. Trotzdem rotzte ich gleich am nächsten Tag eine Art Bewerbung zusammen, bestehend aus Anschreiben, Lebenslauf, Demokassette und einem sympathischen Lichtbild aus dem Bahnhofsautomaten. Die sind besser als ihr Ruf – abgesehen davon, daß man auf denen meist aussieht, als hätte man Leberzirrhose. In Köln stand man aber wohl auf diesen Braunschimmer und lud mich tatsächlich zum Casting ein. Drei Wochen nach meinem Empfehlungsschreiben flatterte die frohe Botschaft ins Haus. Was als Jux begonnen hatte (ich wollte doch eigentlich nur mal sehen, wie höflich man beim Fernsehen Absagen formuliert), wurde nun zur Zitterpartie. Für das Casting täuschte ich bei meinem damaligen Arbeitgeber eine hartnäckige Bronchitis vor, mit der man beim besten Willen keine Radiosendung moderieren konnte.

Entgegen meiner eigentlichen Einstellung zum Thema Pünktlichkeit rechnete ich für die Fahrt von Detmold nach Köln großzügig mit vier Stunden – mit dem Ergebnis, daß ich zwei Stunden zu früh im Industriegebiet Ossendorf aufschlug. Ich rauchte erst mal eine Zigarette, was hier eigentlich nicht der Rede wert sein sollte. Aber es war bezeichnend für meine Gemütslage. Bisher hatte ich es verabscheut, tagsüber zu rauchen. Ich war ein typischer Genußraucher, der sich gerne mal zum Bier eine ansteckte, aber während der Arbeit? No way! An diesem Tag schmeckte mir die Kippe, und ich war auch noch überpünktlich. Irgendwie schien alles anders zu sein als sonst. Ich ging zum Gebäudekomplex 1C und sah davor einen langhaarigen Typen, der hartnäckig versuchte, einen Holzpfahl in den knochentrockenen Rasen zu hämmern. Mit zwei Reißzwecken war das Schild »VIVA-Casting« daran befestigt.

»Hi, ich bin Matthias, geht's da rein zum Casting?«

»Ja, erste Etage, melde dich bei Markus.«

Daß ich zu früh gekommen war, machte eher gar nichts. Im Gegenteil, so sah ich wenigstens noch das Mädchen mit den lustigen Zöpfen. Sie bestand quasi nur aus Zöpfen, Augen und Mund.

»Tschüs Heike, ich ruf' dich an«, rief der Typ, der wiederum nur aus Nase bestand.

»Du mußt Markus sein«, meinte ich. »Ich bin Matthias. Ihr habt mich zwar erst für 14 Uhr auf der Liste, aber die Autobahn war ziemlich frei.«

»Kein Problem, wir haben eh ein Loch. Setz dich schon mal da vorne in den Glaskasten. Du kriegst gleich deine Sachen.«

Markus war nett. Obwohl er Kette rauchte, schien er entspannt zu sein. Die durchaus nicht großzügigen Räumlichkeiten hier wurden dazu noch provisorisch genutzt. Überall waren DIN-A-4-Zettel mit Edding-Aufschriften an die Türen geklebt worden: »Personalabt.«, »Archiv«, »Casting-Raum«. Hier mußte ich wohl rein. An dem großen Tisch saß wieder ein Langhaariger. Der kämpfte aber mit Videotapes anstatt mit Holzpflöcken; sie wurden von ihm mit Beschriftungen versehen. Tolle Aufgabe, vor ihm stapelten sich ungefähr 200 Kassetten. Die Tür ging auf, und ein hektischer Mittzwanziger kam rein, der auf einen eher ruhigen Altersgenossen einlaberte. (Beide trugen ihre Haare übrigens kurz.) Der Aufgekratzte beglückte uns mit einer drittklassigen Helge Schneider-Parodie, die jeder der Anwesenden sicher überzeugender hinbekommen hätte. Nach fünf Minuten verließen die Kurzhaarigen den Raum wieder, und der Archivar, der sich mit Max vorgestellt hatte, verdrehte entnervt die Augen.

»Wenn diese Nervtöle bei uns anfängt, gehe ich sofort.«

Die Nervtöle war gerade als Autor eingestellt worden und aus diesem Grund wohl etwas aufgekratzt. Max blieb aber trotzdem.

Dann bekam ich endlich meine Aufgabenstellung. Zwei Musikclips wurden mir gezeigt, und ich mußte mir zu beiden eine Anmoderation ausdenken. Normalerweise kein großes Problem, aber die Stücke waren »Weather With You« von Crowded House und John Secada mit »Angel«. Nicht so ganz meine Abteilung. Dann kam der »journalistische« Teil. Ich konnte wählen zwischen einem Interview mit einem Plattenboß zum Thema »Warum landen Demotapes immer im Mülleimer?« oder mit einem Politiker, der Sanierungen für neue Kinderspielplätze abgelehnt hatte. Beide Gesprächspartner waren leider nicht selbst vor Ort, sondern würden von Casting-Chef Markus zum Leben erweckt werden. Außerdem bekäme ich einige Moderationen vorgelegt, die ich ablesen müsse, und zum Schluß sollte ich mich überraschen lassen. Die Vorbereitungszeit von dreißig Minuten ging ziemlich schnell vorbei, und ich stapfte in die Maske. Zum ersten Mal in meinem Leben wurde mir professionell Schminke ins Gesicht geschmiert. Die Haut spannte, und ich sah für meinen Geschmack etwas tuntig aus. Der Maskenbildner sah mir meine Irritation an.

»Is' was?« fragte er verwundert. »Du guckst so skeptisch.«

»Ich seh' mich halt zum ersten Mal geschminkt, ist nicht so mein Fall.«

»Na, vielen Dank für die Blumen.«

Da hatte ich wohl einen neuen Freund gewonnen. Aber jetzt ging's ab ins Studio. Bis dahin war ich noch ganz entspannt, doch das änderte sich schlagartig, als ich den ersten Schritt in die heilige Halle machte. »Studio 1« stand fett auf der Eisentür, und mein Blick ging sofort nach oben. Ich kann zwar schlecht schätzen, aber so zirka 500 Scheinwerfer hingen mindestens an der Decke. Alles sah riesig aus. In einer Ecke drängelte sich die Dekoration von *Liebe Sünde*. In diesem Studio wurde also auch das Paarungs-Magazin mit Matthias Frings aufgezeichnet. Stimmt, VOX sitzt hier ja auch, dachte ich. Ich trat langsam in den Lichtkegel, der in die Studiomitte fiel. Vor mir fuhr sich eine Kamera warm, die von dem Typen gelenkt wurde, der mir vorhin die Casting-Unterlagen gebracht hatte. Jeder schien hier drei Jobs auf einmal zu erledigen. Die »Pumpe«, wie die Kamera von den Beteiligten genannt wurde, hatte einen sogenannten Teleprompter draufgeschraubt. Darin sah ich die ersten Zeilen meines Textes aufleuchten, schwarz auf blau und ganz dick. An meiner Sehschwäche würde es also nicht liegen, falls ich verkacken sollte. Die »Pumpe« war anscheinend nervöser als ich, sie bewegte sich unruhig von links nach rechts, wie ein Hengst kurz vorm Start auf der Bahn München-Dagelfing. Das lag wohl am Jockey. Der Kameramann Carsten war nämlich gar keiner, sondern machte das gerade zum ersten Mal. Hallo Kollege!

»So, Matthias, jetzt trag uns doch mal deine ersten beiden Moderationen vor«, bat mich Markus, der sich im Dunkeln hinter einem Monitor verschanzt hatte und gar nicht mehr zu sehen war.

»Halt, wir brauchen noch eine Tonprobe.«

Was war denn das für eine Stimme? Wie die vom lieben Gott hallte sie von oben ins Studio runter. Ich zuckte peinlicherweise vor Schreck zusammen, aber Markus beruhigte mich:

»Das war die Regie, gleich geht's los.«

»Achtung in drei, zwei, eins ...«

Plötzlich ging das Rotlicht an, und ich begann damit, meinen Text abzuspulen. Crowded House kamen ganz gut weg, John Secada etwas zu kurz. Aber den fand ich ja auch scheiße.

»Gut, Matthias, das war ja schon ganz ordentlich, jetzt sind die Teleprompter-Texte dran.«

Markus war ein talentierter Pädagoge, er beruhigte und baute auf. Aber nervös war ich eigentlich gar nicht mehr. Und fremde Texte so vorzutragen, daß sie nicht unbedingt abgelesen klingen, das war ja mein tägliches Brot. Es machte plötzlich richtig Spaß, zumal ich gute Videos ansagen durfte: Die Ärzte mit »Mach die Augen zu«, »Sweet Sixteen« von Billy Idol und Talk Talk mit »Such a Shame«. Nur leider waren die Clips nicht zu sehen. Dann war das Interview an der Reihe. Markus trat aus dem Dunkel hervor, setzte ein »Ich bin jetzt ein fieser Plattenboß-Arsch«-Gesicht auf, und wir pflanzten uns auf ein rotes Sofa.

»Warum schmeißen Sie Demotapes in den Müll?«

»Weil sie alle Schrott sind.«

»Das wissen Sie schon vor dem Hören?«

»Ja!«

»Woher?«

»Weiß ich eben.«

Ähnlich informativ ging das Gespräch weiter – keine Glanzleistung von mir, aber dafür von Markus. Jetzt fehlte nur noch der Überraschungspart. Markus lüftete das Geheimnis:

»Matthias, du hast jetzt genau eine Minute Zeit, dich vor der Kamera so gut wie möglich zu verkaufen. Warum sollten wir dich nehmen?«

Das fragte ich mich auch gerade. Aber ich versuchte, das mißlungene Interview zu verdrängen, und legte los, denn die Zeit lief schon.

»Ein Musiksender sucht neue Moderatoren. Nun, ich hätte da drei Vorschläge. Da wäre zum einen Willy Brandt. (Von nun an redete ich mit versoffener Stimme weiter.) Der ist sehr talentiert, hat viel Medienerfahrung, sieht gut aus und kann gut mit Musikern umgehen. Mein zweiter Tip ist Marcel Reich-Ranicki. (Jetzt schwenkte ich um zu einem lispelnden polnisch-deutschen Akzent.) Er ist sehr belesen, kann analysieren und sich hervorragend ausdrücken. Ebenfalls kameratauglich. Da gibt es allerdings zwei Probleme: Der eine ist tot, der andere senil, also mein Tip: Matthias Opdenhövel.«

Die Uhr zeigte 55 Sekunden an. Im Studio war Ruhe. Dann hörte ich jemanden aus dem Dunkel sagen:

»Das war klasse, Matthias, das hat mir gerade am besten gefallen. Vielen Dank, du hörst von uns.«

Das war es also, mein erstes Fernsehcasting. Ich rieb mir die tuntige Schminke aus dem Gesicht, versuchte vergeblich, aus Markus noch mehr Informationen zum Entscheidungsdatum herauszupressen, und ging zu meinem Auto, als mir plötzlich jemand hinterherrief.

»Das war gut gerade. Du warst der erste, der meine Promptertexte halbwegs anständig betont hat.«

Die beiden kurzhaarigen Autoren standen vor mir. Der Helge Schneider-Verschnitt schwieg ausnahmsweise, und der Ruhige drückte mir dieses Lob rein.

»Ich werde mich für dich einsetzen.«

Ich setzte mich sofort ins Auto, rauchte eine und fuhr nach Hause. Ursprünglich wollte ich ja nur mal dabeisein, um zu sehen, wie es so beim Fernsehen abgeht. Aber jetzt hatte ich Blut geleckt.

Nach zwei Wochen hielt ich es nicht mehr aus, ich rief in Köln an. Eine Telefonnummer hatte ich damals bekommen, und zwei Namen kannte ich: Der Casting-Mensch hieß Markus, und der Langhaarige mit dem Holzpflock war Ralf. Unter der Nummer meldete sich aber eine Claudia, die meinte, sie könne mir auch nicht sagen, wo Markus stecke, und eine Entscheidung sei noch nicht gefallen. Ich blieb am Ball, alle zwei Tage klingelte ich durch. Immer ohne Erfolg. Na spitze, das war's dann wohl. Leicht frustriert und extrem erkältet trat ich mit meiner Freundin den Urlaub an und flog nach Lanzarote. Das ganze Jahr hatte ich darauf gespart, doch jetzt freute ich mich blöderweise nur bedingt auf die Reise. Zu tief saß der Stachel, die Glotze verpaßt zu haben.

Das Appartement war ganz o.k., das Wetter spitze und das Wasser warm. Was sich liest wie der Ansichtskartentext eines Grundschülers, waren die Nachrichten, die ich meinen Eltern nach ein paar Tagen durchgeben wollte. Meine Ma klang sehr erleichtert, als sie am Telefon meine Stimme hörte.

»Gut, daß du dich meldest. Wir haben schon versucht, dich zu erreichen, aber das klappte nicht übers Reisebüro. Ein Markus von VIVA hat angerufen, du sollst dich dringend bei ihm melden.«

Markus hatte eine Handynummer hinterlassen, und ich wechselte einen Schein in Münzen, weil ich mir denken konnte, daß es jetzt teuer würde. Ich bat noch einen einheimischen Halbstarken, die Anmachspielchen mit dem Gashebel seines frisierten Mofas etwas weiter entfernt zu veranstalten, und dann wählte ich die Nummer.

»Hi, Markus, hier ist Matthias Opdenhövel.«

»Gut, daß du anrufst. Wo bist du gerade? Das klingt so weit weg.«

»Ich bin auf Lanzarote. Im Urlaub.«

»Wann kommst du denn wieder?«

»In zehn Tagen.«

»Oh, das ist scheiße.«

»Wieso?«

»Weil du Montag eine Pilotsendung aufnehmen sollst.«

Ich wußte zwar nicht, was eine Pilotsendung ist, aber da gerade Donnerstag war, klappte mir die Kinnlade runter.

»Du bist unter den letzten vier. Zwei davon nehmen wir.«

»Und wenn ich später komme?«

»Dann schwinden deine Chancen!« Markus hörte wohl meine Münzen durchrasen und verlor deshalb keine Zeit mit Floskeln.

»O.k., ich ruf' dich noch mal an«, beendete ich das Gespräch.

Puh, was jetzt? Die Einladung an sich war ja ganz nett, aber wie sollte ich das meiner Freundin sagen? Daß es die Sache wert war, eine Woche Urlaub zu streichen, war sofort klar. Ich radelte zurück und machte eine Flasche Wein auf, es war 11 Uhr 30. Um 14 Uhr stand fest: Ich fliege zurück, sie bleibt da. Wir waren beide dafür, auch wenn es diesen Urlaub sprengte.

Ich war für Montag abend um 22 Uhr nach Köln bestellt worden. Tolle Zeit für einen Piloten. Jetzt wußte ich auch, was das war: eine Probesendung. Meine Co-Moderatorin hieß Jasmin. Vor dem Studio war diesmal deutlich mehr los. Tausend Leute sprangen um einen rum, und jeder drückte mir andere Zettel in die Hand. Wir sollten, neben diversen Clip-Anmoderationen, ein Interview mit einem Snowboard-Hersteller machen. Das mag ja im ersten Augenblick interessant klingen, aber leider war der Typ schon Mitte Vierzig und kein bißchen jugendkompatibel.

Bis wir überhaupt ins Studio durften, stand der kleine Zeiger auf der Zwei und der große auf der Zehn. Vor uns war nämlich noch das andere Pärchen dran: eine gewisse Aleksandra und ein Vietnamese, der kurzsichtig war. Eigentlich ist das ja nicht schlimm, aber leider verzichtete er aus Eitelkeit auf eine Brille. Nicht so geschickt, wenn man vom Prompter ablesen soll. Der Vietnamese kroch also fast in die Kamera, um seine Texte erkennen zu können, was meine Chancen deutlich erhöhte. Jasmin kuschelte sich bei unseren Moderationen sehr penetrant an mich – das war aber auch die einzige Wärme, die ich im Studio zu spüren bekam. Die Stimmung war distanziert und hektisch. Der Regisseur, der sonst im Gebäude nebenan *Schreinemakers* aufzeichnete, zeigte wenig Verständnis für uns Anfänger und schrie nur irgendwelche Fachausdrücke durch die Gegend:

»Zuerst in die Drei, dann einen Gang, danach in die Vier und anschließend ein Close-up von der Zwei.«

Hä?? Ich machte gute Miene zum bösen Spiel und versuchte, die Sache halbwegs ordentlich durchzuziehen. Innerlich hatte ich aber mit dem Kapitel Fernsehen an diesem Abend schon abgeschlossen. Als die Lichter im Studio ausgingen, war es nämlich 5 Uhr morgens, und ich erinnerte mich daran, jetzt auch auf Lanzarote sein zu können. Für diese überflüssige Aktion hatte ich meinen Urlaub abgebrochen! Eine Probesendung mit einem debilen Snowboard-Hersteller, einem cholerischen Regisseur, einer notgeilen Moderatorin und einer überforderten Redaktion.

Ich rief meinen Freund Sven an, der in Essen wohnte, weil er da studierte. Er war zwar nicht begeistert von dieser morgendlichen Weckaktion, hatte aber Verständnis für meinen frustrierten Gemütszustand. Auf der Fahrt holte ich noch ein paar Bierdosen an der Tanke und begrüßte ihn eine halbe Stunde später mit den Worten:

»Ich mach' das nicht! Die können mich alle mal. Ich bleibe schön beim Radio.«

Am nächsten Tag machte ich das auch dem Redakteur am Telefon unmißverständlich klar.

»Schade, wir haben uns nämlich für dich entschieden!«

Was sollte ich sagen? Das war natürlich was anderes.

Ziegenbart

Der VIVA-Start

Sie hatten mich also doch überredet. Man wollte mich als VJ, als Fernsehmoderator. Unglaublich! Leider hatte ich bisher noch nicht die Gelegenheit, ihm zu danken, aber ohne Mike Patton wäre das vielleicht nicht so gekommen. Weil der Sänger von Faith No More zu Beginn der 90er die fixe Idee hatte, sich seine Haare am Kinn etwas länger zu züchten, kam auch ich auf den Trichter, mir einen Ziegenbart wachsen zu lassen. Dieses kleine, aber feine modische Detail ist bei meiner Einstellung wohl nicht ganz unerheblich gewesen. Genau wie die komischen Pudelmützen von meinem neuen Kollegen Nils. Den sah man in dem sich stündlich wiederholenden Testprogramm, das VIVA vor dem offiziellen Start abspielte, nur mit dicken Wollhauben. Ich war wirklich gespannt, wie der so drauf war. Zuerst lernte ich aber meine Co-Moderatorin kennen, und zwar nachmittags am 20. Dezember 1993. Ein unauffälliges Mädchen hetzte durch die Glastür.

»Du mußt Matthias sein. Hi, ich bin die Aleks.«

Sie trug einen hellbraunen Benetton-Schal, eine schwarze Jacke und blaue Jeans. Sie sah eben so aus wie fast jeder, der Anfang Zwanzig war. Einige Zeit später guckte ich allerdings zweimal hin, als sie auf mich zukam. Die langweiligen Klamotten hatte sie gegen einen Diesel-Dress eingetauscht, und ihr Gesicht hatte in der Maske deutlich an Attraktivität gewonnen.

»Hey, geschminkt kannst du ja richtig gut aussehen«, platzte mir heraus.

»Vielen Dank!«

Ich merkte recht schnell, daß man das Kompliment auch falsch verstehen konnte – Aleks hatte das getan, wir waren uns nicht gerade grün. Im Studio nahmen wir an diesem Tag die letzte Pilotsendung auf, diesmal aber in einer anderen Besetzung. Die Sache mit uns beiden als VJ-Duo für die Sendung *Was geht ab?* stand zwar fest, man wollte aber noch mal sichergehen. Hätten die Verantwortlichen das ernsthaft getan, hätte man uns wohl komplett ausgetauscht. Wir hatten uns zwar gegen die Konkurrenten durchgesetzt, aber mehr als die Einäugigen unter den Blinden waren wir wirklich nicht. Vollkommen unlocker hockten wir in dieser riesigen und scheußlichen Dachboden-Dekoration rum, und man sah uns die Unsicherheit an jeder Hautzelle an. Egal, jetzt gab es kein Zurück mehr, denn in vier Tagen sollte unsere erste Show ausgestrahlt werden.

»Am 23. um 16 Uhr nehmen wir die ersten zwei Sendungen auf, am nächsten Vormittag noch mal zwei.«

Hans, unser Redaktionsleiter, brüllte uns die frohe Botschaft in die Ohren. Wie schon erwähnt – der Monat war Dezember. An ein gemütliches Fest unterm Tannenbaum war also nicht zu denken, genausowenig an eins der genialen Weihnachtskonzerte der Hosen. Ich hatte Tickets für alle drei Tage, konnte aber zu keinem Gig hingehen. Und überhaupt, was war mit einem Vertrag oder meinem Job beim Radio? Ich hatte noch nicht gekündigt. Würden die mich überhaupt gehen lassen? Es war an der Zeit, mal mit einigen Herrschaften hier zu reden. Christoph, der Programmdirektor, war da für mich zuständig.

Zwei Straßenecken weiter im Industriegebiet Ossendorf hauste die noch sehr übersichtliche VIVA-Redaktion recht spartanisch im fünften Stock eines Bürogebäudes. Christoph war Ende Zwanzig, hatte lange Haare (was sonst?) und eigentlich überhaupt keine Zeit für mich. Seinen Arbeitsplatz hatte er hin und wieder mit gestapelten Sony-Kartons vom restlichen Chaos abgetrennt, um bei Gesprächen wenigstens einen Hauch von Ruhe zu haben. Ich trug ihm meine Sorgen vor:

1. Ich habe noch nicht bei Radio Lippe gekündigt.
2. Kann ich hier mein Volontariat beenden?
3. Wo soll ich wohnen?

Meine Freundin und ich hatten uns vor knapp drei Monaten eine neue Wohnung in Detmold gemietet, ich wollte den Ball mit einem erneuten Umzug erst mal flachhalten. Es reichte ja schon, daß ich meinen sicheren Job für dieses Abenteuer VIVA aufs Spiel setzte – wer wußte denn, ob diese Freakshow nach drei Monaten nicht schon wieder abgesetzt würde? Christoph antwortete überlegt wie der Kandidat in der Plexiglas-Kuppel beim *Großen Preis*:

»Zu Frage zwei: Wenn du hier auch redaktionell arbeiten möchtest, begrüßen wir das sehr. Zu Frage drei: Wir haben kleine Appartements angemietet, von denen du übergangsweise eines bewohnen kannst. Und zu Punkt eins: Kündigen, aber sofort!«

Christoph wurde auf seinem Spezialgebiet »Erfreuliche Nachrichten trotz Jobwechsels« der Champion meiner ganz persönlichen Wim Thoelke-Runde. Das waren doch Aussagen, die mich befriedigten. Aber die größte Hürde hatte ich in Detmold zu überwinden.

Am nächsten Tag ging ich zu meinem Radio-Chefredakteur und bat kleinlaut um ein offenes Ohr. Ich erzählte von meiner Offerte und malte ihm in den blühendsten Farben aus, was für eine große Chance das für mich wäre. Er gab mir recht, meinte aber auch, daß ich nicht ohne die Zustimmung des Vorsitzenden gehen könne. Von dem bekam ich drei Stunden später grünes Licht. Eine ziemlich faire Geste, wenn man bedenkt, daß der Moderatoren-Dienstplan schon bis zum Frühjahr feststand. Der kleine Sender hatte aber nur eine Handvoll Mitarbeiter, so daß ich bis zum 31.12. noch mit anpacken mußte – die Wochenplanung zwischen Weihnachten und Silvester sah deshalb ein wenig stressig aus.

Am 23.12. stieg ich um 5 Uhr aus dem Bett und begrüßte zwei Stunden später Lippes Bürger mit einem freundlichen »Guten Morgen zum Frühstücksradio«. Gegen 13 Uhr hatte ich Schichtende und fuhr mit meinem Dad in Richtung Köln. Am Nachmittag stand die Aufzeichnung der ersten *Was geht ab?*-Sendung mit Aleks und mir an. Es war die Heilig-Abend-Ausgabe, und wißt ihr was? Wir hatten doch tatsächlich den Weihnachtsmann im Studio! Zwischenzeitlich bereute ich stark, dem Radio »Tschüs« gesagt zu haben. Die peinliche Sendung war nachts um drei im Kasten, aber ich merkte gar nicht, wie peinlich sie war. Ich fiel neben meinem Vater ins

Hotelbett, das uns großzügigerweise spendiert worden war, und stand fünf Stunden später für die nächste Etappe schon wieder im Studio. Diesmal hatten wir nicht den Osterhasen zu Besuch, sondern Stella Getz, eine 16jährige Schwedin, die angeblich vor ihrem großen musikalischen Durchbruch stand. Daß man bis heute nichts mehr von ihr gehört hat, läßt auf die Qualität der ersten *Was geht ab?*-Sendungen schließen.

Gegen Nachmittag plumpste ich ins Auto, und mein Pa und ich wühlten uns auf der Autobahn durch die Schneelawinen in Richtung Fischplatte und Bescherung. Tja, jetzt hatten wir meinen ersten TV-Auftritt verpaßt, denn am 24.12.1993 um 12 Uhr war das VIVA-Programm offiziell on air gegangen. Alle VJs hatten in der Auftaktsendung eine gequält lockere Stimmung verbreitet, und als prominenten Gast hatten wir immerhin Herbert Grönemeyer begrüßen können. Der belastete unser sowieso lächerliches Budget mit einer aufwendigen Reinigung der Kameras, weil er im Studio eine Sektflasche durch die Gegend spritzte – und ich mußte für das gemeinsame Gruppenbild sogar auf seinem Oberschenkel Platz nehmen. »Was soll das?« fragten sich meine Freunde zu Recht, als sie mich mittags beim traditionellen Weihnachtsbier so positioniert im Fernsehen sahen. Bei uns zu Hause fiel die Feierlichkeit zu Christi Geburt kurz und schmerzlos aus, und ich um 20 Uhr ins Schlafkoma.

So gut sollte ich lange Zeit nicht mehr schlafen. Das von VIVA gestellte Appartement entpuppte sich nämlich als möblierter Schuhkarton, der in einem riesigen Hochhaustrakt in der fiesesten Ecke Kölns zu finden war. Der morbiden Betonsiedlung fehlten zum perfekten Klischee nur noch ein paar Selbstmörder – ich lag nachts oft wach und rechnete jeden Augenblick damit, daß jemand an meinem Fenster vorbeifliegen würde. Mein einziger Lichtblick war ein Berufsgenosse, der mich ab und zu mit seinem Motorrad besuchte und zum Kickern abholte. Sein Name war Stefan, er moderierte die schrille Show *Vivasion*. Ich hatte ihn beim ersten gemeinsamen VIVA-Abendessen näher kennengelernt. Die Führungscrew hatte alle VJs zum Spanier in die Südstadt eingeladen, und der Abend wurde lang und schmutzig. Nach einigen Flaschen

Wein ging der harte Kern noch in den Alten Wartesaal, und dort gab ich mein erstes Autogramm: der Personalchefin mit Edding auf den blanken Busen. Das war nicht meine Idee! Sie bat inständig darum, und Stefan Raab durfte auf der anderen Seite. So eine Aktion verbindet. Am nächsten Tag hatte ich einen tierisch dicken Kopf, aber den bekam ich mit ein paar Aspirin ganz gut in den Griff. So war ich, im Gegensatz zu unserer Personalchefin, zeitig im Sender.

Dreißig Quadratmeter waren vollgestopft mit über zwanzig hektischen Leuten, überall lagen Schlafsäcke, es roch nach Kaffee und Kippen – das einzige Redaktionszimmer von VIVA sah aus wie der Warteraum des Kölner Hauptbahnhofs zur InterRail-Saison. Pünktlich zur Sitzung um halb zehn krochen aus den Schlafsäcken einige Malocher, die bis in die Nacht an Beiträgen geschnitten hatten und denen der Weg nach Hause entweder zu weit oder zu umständlich war. Aber die Redaktion hatte es noch vergleichsweise gut, die Sendeabwicklung mußte draußen vor dem Studiotrakt in gelben Containern ohne Heizung hausen. Die Redaktionssitzungen liefen immer nach demselben Strickmuster ab. Zuerst wurde Kritik an den Sendungen vom Vortag abgelassen. »So will ich das nicht«, lautete der Lieblingssatz des Chefredakteurs, dessen Fernseherfahrung sich zwar auf die Produktionsleitung von Erotikfilmchen beschränkte, der aber ein unerschöpfliches Musikwissen hatte. Er stampfte bei seinen Vorträgen wie ein grauhaariges Rumpelstilzchen über den Teppich. Ruhe war erst dann, wenn er sich zu Besprechungen in sein eigentliches Büro zurückzog, das im Erdgeschoß ansässige Restaurant Abspann.

Aber was heißt schon Ruhe ... Das Büro hatte vier Computer und fünf Telefone für zwei Dutzend eifrige Fernsehlaien, die erst vor wenigen Tagen mit der Frage »Haste Zeit?« auf der Straße oder in Clubs angeworben worden waren. Jeder Musikinteressierte, der wußte, daß Elvis tot und Boy George schwul ist, hatte die Aufnahmeprüfung bestanden und durfte mitmachen beim kreativen Chaos. Es gab schon auch einige fernseherfahrene Mitarbeiter, zum Beispiel den Redaktionsleiter von *Was geht ab?*. Der konzentrierte sich allerdings selten auf das Wesentliche, sondern entwarf immer wieder neue Formulare, die aus VIVA eine Art WDR machen sollten (sein letzter Arbeitgeber). Daß er von der *Aktuellen Stunde* kam, merkte man an seinen Arbeitszeiten: Er war in der Redaktion, wenn seine alte Sendung gerade im Fernsehen lief, um 18 Uhr. Er blieb dann aber auch bis mitten in der Nacht, wir hatten so was ähnliches wie Schichtdienst.

Es gab trotzdem eine Menge zu lachen. Christian etwa, ein Volontär, hatte seinen gutherzigen Charakter schon nach unserer ersten Sendung unter Beweis gestellt. Damals hatte ich ihn gefragt, wie sie ihm denn gefallen habe, und er meinte: »Ganz o.k.« Wäre er Pinocchio gewesen, hätte er mit seiner Nase nach dieser Antwort einen Lichtschalter auf Ibiza ausknipsen können. Wir hatten nette Leute im Team, aber *Was geht ab?* war das Stiefkind der Redaktion. Die *Wah Wah*-Moderatoren Phil und Krieger bekamen viel mehr Post, und überhaupt war unsere Sendung der Mülleimer. Wenn es einen Beitrag gab, der nirgendwo reinpaßte, wurde er garantiert bei uns gesendet. Wir waren allerdings zu fünft, und das war ein großer Vorteil. Wir konnten uns gegenseitig wieder hochziehen. Die erste *Interaktiv*-Redakteurin war ganz alleine und deshalb auch bald mit den Nerven am Ende. Sie schmiß drei Wochen nach dem Sendestart die Brocken hin, als ihre Nervenzusammenbrüche einen täglichen Turnus erreichten. Den Kopf in den Sand zu stecken, das war in den Anfangszeiten von VIVA die einfachere Lösung. Man benötigte schon Zähigkeit, um nach den vielen vernichtenden Kritiken wieder aufzustehen:

»Moderierende Dilettanten« (*Stern*)

»Arbeitsbeschaffungsmaßnahme für Dilettanten« (*Prinz*)

»Konkurrenzlos billig« (*Westfälische Rundschau*)

»BlaBla-Bubis mit hohem Peinlichkeitsfaktor« (*Petra*)

»Popmusikantenstadl für Kinder« (*Kölner Stadtanzeiger*)

»Nach zehn Versuchen endlich eine sendbare Moderation« (*Kölner Express*)

»Sesamstraße auf Speed« (*Tempo*)

»Aufgesetztes Rumgepiepse« (*WAZ*)

Da macht das Arbeiten doch Spaß, oder? Uns ja, denn es gab schon bald was zu feiern. Die *100 Tage VIVA*-Party gönnte allen Pionieren die erste Verschnaufpause. Bands wie die Fantastischen Vier oder Phillip Boa and the Voodooclub waren eingeladen worden, und die Sause wurde in einem großen Studio aufgenommen.

Wir Moderatoren steckten allerdings nach wie vor im Anfängerkurs. So fragte Phil den Sänger von Selig zu deren Single »Sie hat geschrien«:

»Ja, weshalb hat sie denn geschrien? Hast du etwa den Müll wieder nicht runtergebracht?«

»Nein, es geht in dem Song um Vergewaltigung.«

Ähnlich peinlich berührt war die Partymeute, als Heike mit Nena über den Klamottenhersteller Diesel ablästerte:

»Diesel ist doch völlig out, oder Nena?«

»Ja, klar.«

Unser Stylist biß sich nach dem Talk vor Scham die halbe Hand ab, hatte er doch die Chefs der Firma aus Dank dafür eingeladen, daß sie uns wöchentlich mit neuen Outfits belieferten. Trotzdem wurde diese erste kleine Jubiläumsfeier noch ganz nett. Ich trank mit meinem Jugendidol Phillip Boa einige Biere und raffte so allmählich, daß der Job auch ziemliche Annehmlichkeiten mit sich bringen konnte. Zumal langsam auch die ersten Reisen anstanden.

Interviews all around the world: Einer unserer Redakteure war nach Asien geflogen, hatte sich aber im Flieger schon so abgeschossen, daß er von der Stewardeß auf dem Flughafen nur noch stramm in ein Taxi verfrachtet werden konnte, das ihn zum Hotel kutschierte. In Tokio kostet so eine Fahrt leider 500 Mark. Und Stefan Raab durfte sogar zur Fußballweltmeisterschaft nach Amerika. Für seinen Sieg bei der ZDF-*Hitparade* mit dem »Böörti, Böörti Vogts«-Song benötigte er aber doch die gesamte Redaktionsbelegschaft. Inzwischen hatten wir einige Telefone und Räumlichkeiten mehr, und wir malträtierten die Wahlwiederholungstaste für seine TED-Nummer, bis uns die Fingerkuppen abfielen. Das Ergebnis ist bekannt. Ein guter Gastgeber war Stefan auch. Seine Eltern hatten ein paar Fässer Kölsch und aus ihrer Metzgerei einige Platten Hackbällchen mitgebracht und somit für die optimale physische Unterstützung gesorgt.

Ich hatte dann irgendwann auch mal das Vergnügen, im Ausland zu arbeiten. Doch wie das Glück so spielt, landete ich im ehemaligen Ostblock. Prag ist ja eine durchaus sehenswerte Stadt, aber wenn man in einem einstigen KGB-Hotel übernachten muß und zum Frühstück Neonwurst serviert bekommt, die im Dunkeln leuchtet, dann sehnt man sich nach attraktiveren Ländern. Doch dafür durfte ich das *Mega Dance Festival* besuchen und einen Backstage-Ausweis mit dem Namenszug »Mathais Podenhövel« tragen. Auf dem Flug lernte ich eine junge Nachwuchssängerin kennen, die ganz frisch in der Branche war: Daisy Dee. Wir wurden am Airport mit einer weißen, zehn Meter langen Limousine abgeholt und damit durch die verarmten Vororte chauffiert. Wehren war zwecklos. Masterboy genossen diesen Shuttleservice allerdings, denn sie waren, genau wie 2 Unlimited, DJ Bobo und Mr. President, die Superstars in Tschechien.

Vor 7.000 entzückten Kids traten sie alle hintereinander auf, und selbst Pannen wie die von Fun Factory waren der Masse egal. Als das Playback von »I Wanna B With U« schon längst abgespielt wurde, hockte Sängerin Marie-Anette noch seelenruhig auf dem Klo. In der ersten Minute des Songs war zwar ihre Stimme zu hören, es standen aber nur drei Jungs auf der Bühne. Hinterher versuchte der Manager, der vorher wie ein Wilder durch die Katakomben der Eishockeyhalle gefegt war, um die Sitzenbleiberin vom Thron zu stoßen, das Ganze auch noch als geplante Choreographie zu verkaufen. *Was geht ab?* machte nun echt Laune, auch im Studio zu Hause in Köln. Aleks und ich hatten inzwischen auch die netten Seiten aneinander entdeckt, und wir lachten bei den Aufzeichnungen so viele Tränen, daß ihr Augen-Make-up bis zu dreimal nachgebessert werden mußte.

Besonders spaßig wurde es, als unser Redaktionsleiter Hans ausnahmsweise mal vor 11 Uhr im Sender war, um mit unseren Studiogästen einen Hollywood-Streifen zu drehen. Wir hatten zwei Figuren aus *Die unendliche Geschichte III* zu Gast: »Borkentroll« und »Steinbeißer«. Das Niveau hatte mal wieder Weihnachtsmann-Höhen erreicht, und Hans drehte richtig auf. Geschlagene zwei Stunden machten wir Stellproben, obwohl wir in einer halben eigentlich wieder aus dem Studio hätten raus sein müssen. Dann wäre nämlich Stefan Raab mit *Vivasion* dran gewesen. Die beiden armen Geschöpfe, die unter den heißen Kostümen steckten, flossen auseinander, aber Aleks und ich hielten uns die Bäuche. Die

Märchenfratzen sollten nämlich letztendlich nur hallo sagen und dann wieder aus dem Bild gehen. Ob die etwas dürftige Promo bei *Was geht ab?* allein schuld an dem Film-Flop war? Ich glaube es nicht.

Der Regisseur in der VIVA-Startphase war ein kerniger Kanadier namens Ted. Ein Macho mit Cowboystiefeln, langer Matte (was sonst?), Dreitagebart und einem geilen Ami-Akzent, der kaum mehr Fernseherfahrung als wir vorzuweisen hatte. Er ist aber immerhin Lichtdesigner für den Kinofilm *Die Fliege* gewesen, und nicht nur deswegen fanden wir ihn cool. Er war der Papi, der an uns Anfänger glaubte und uns immer wieder Mut zusprach, auch wenn die fünfte Teleprompter-Moderation verkackt war. Bei *Was geht ab?* wurde in der ersten Zeit sogar mit drei Kameras gearbeitet. Da nur eine mit einem Prompter ausgestattet war, mußten wir uns die restlichen Texte in die Birne ballern – keine geringe Aufgabe bei drei Aufzeichnungen am Tag.

Aber immer noch besser, als einen Politiker zu interviewen. Das war eine Sache, an der wir 1994, im Jahr der Bundestagswahl, nicht vorbeikamen. VIVA hatte nämlich laut Landesmediengesetz entweder die Möglichkeit, diese tollen Partei-Filmchen abzuspielen, oder aber die gleiche Zeitspanne mit politischen Gesprächen zu füllen. Für den ersten Talk wurden Heike und ich ausgesucht. Wir erwarteten Rudolf Scharping, und die Senderführung stand bei Fuß, denn bekanntlich ist unser Chef ja Mitglied der SPD. Scharping kam, sah und schnarchte – einen uncharismatischeren Menschen hatte ich noch nie getroffen. Auf meine Eingangsfrage, wie es denn mit der Kohl-Ablösung aussähe, meinte er nach einer Pause von zwanzig Sekunden: »Es geht voran.« Und bei dieser Antwort hat er sicher nicht an Fehlfarben gedacht. Da war der Talk mit CDU-Parteisekretär Peter Hintze schon witziger. Aleks und ich lachten aber nicht mit ihm, sondern über ihn. Hatte sich Scharping mit einer leuchtend roten Krawatte wenigstens outfitmäßig schwer ins Zeug gelegt, rückte Hintze mit seinen braunen Mephisto-Schuhen alles wieder gerade. Mit eben dieser typischen Lateinlehrer-Fußbekleidung stieß er während des Interviews sein Glas Wasser am Boden um und wurde durch diesen Fauxpas immer nervöser. Der Mann hatte definitiv weniger Kamerasicherheit als die beiden Vögel neben ihm, die gerade mal seit einem halben Jahr in der Glotze waren.

Diese ersten sechs Monate bei VIVA habe ich zum größten Teil auf der Autobahn verbracht. Das bezaubernde Appartement hatte ich dem Sender recht bald wieder dankend zur Verfügung gestellt und war in die Souterrain-Bude meines Freundes Sven nach Essen-Borbeck gezogen. Zugegeben, das wohnliche Ambiente war da nicht grundlegend attraktiver: Hinter dem Badfenster erschloß sich die angrenzende Tiefgarage, so daß man bei der Morgentoilette eine frische Abgasbrise in die Lungenflügel bekam. Aber immerhin waren wir hier zu zweit, und somit ließ sich die Küche viel schneller durch eine lustige Blechpyramide aus leeren Warsteiner-Dosen verschönern.

Täglich mußte ich also zweimal die 65 Kilometer von der Ruhr an den Rhein gurken, und ein- bis zweimal in der Woche fuhr ich nach Hause ins Lipperland. Machte ungefähr 700 Mark Spritgeld, das ich im Monat durch den Auspuff jagte. Aber nicht nur unter dem Umweltaspekt gingen mir die Pendelaktionen langsam auf den Geist. Als ich eines Morgens um halb neun zwischen Paderborn und Anröchte an der Leitplanke der A 44 aufwachte, wußte ich, daß sich etwas ändern mußte. Etwas übermüdet war ich eine Stunde früher in meinen Golf Diesel gestiegen, da es diese blöden Brasilianer nicht fertiggebracht hatten, das Weltmeisterschafts-Endspiel gegen die Italiener in der regulären Spielzeit zu entscheiden. Außer einem geplatzten Vorderrad und einer ramponierten Karosserie war nichts in die Brüche gegangen, aber an diesem Montag stand der Entschluß fest, sich auf dem Kölner Wohnungsmarkt mal ein bißchen genauer umzusehen.

Es änderte sich also einiges. Auch bei VIVA. Da gaben sich die ersten die Klinke in die Hand, und den Job des Programmdirektors bekam bald ein Österreicher. Michi Kreissl nahm die Moderatoren recht genau unter die Lupe. Als zum Beispiel Esha mit einer nett gemeinten Blume im Haar ihre VJ-Strecke präsentierte, meinte er nur abfällig:

»Die sieht ja aus wie a Zigeunerin.«

Katja Giglinger wurde wegen der grobkörnigen Rasterauflösung in den *News* Opfer seines Wiener Schmähs:

»Das kannst mit so einem Furchengesicht wie Terporten machen, aber nicht mit a Madel.«

Dafür sah man mich dann bald grob gerastert, ich wechselte nämlich zu den *News*. Ich traf da auf eine Redaktion, die im Durchschnitt zehn Jahre älter war als ich, Grateful Dead für ein teeniekompatibles Thema hielt und mit der Überzeugung lebte, lange Haare und Lederklamotten seien noch immer cool. Es gab also viel zu tun. Und das machte mit einem Vorgesetzten, der in Diskussionen nicht selten behauptete: »Ich habe recht, weil ich der *News*-Chef bin«, natürlich richtig große Freude.

Smudos Haßliebe

Haha – gute Nachrichten – '91 hatten wir noch bei der Unterzeichnung unseres Plattenvertrages bei der Aussage »Und wann machen wir das erste Video?« nur Kopfschütteln und die Antwort »Auf MTV läuft ohnehin nix Deutschsprachiges« geerntet (und unabsichtlich eine tolle, geringe Verrechenbarkeit für Videoclip-Ausgaben eingeheimst), denn – schlicht und ergreifend – »viva« war bis dahin nur ein spanisches Wort oder im besten Fall der altmodische Name eines 80er-Jahre-Bistros. Doch dann wurde als erster Clip, der auf dem jungen Sender laufen sollte, zweieinhalb Jahre später unser erstes einigermaßen sendetaugliches Video »Zu Geil Für diese Welt« gewählt (die Clips davor – »Die Da«, »Saft«, »Lass die Sonne Rein«, »Mikrofonprofessor« – waren allesamt unbewußt-dilletantische Musikfilmchen, entstanden auf dem für uns blutjungen Weg, eine Popband zu werden. Zu diesem Zeitpunkt wußten wir noch nicht, daß man dazu außer Musik auch noch Plattencover, Liveshows und Videoclips ästhetisch verantwortungsvoll rüberbringen muß) – wer damals in der VIVA -Redaktion »Zu Geil« auswählte, weiß ich leider bis heute nicht, aber ich werde ihm ewig dankbar sein, denn dadurch begann eine freundschaftlich-geschäftliche Haßliebe mit diesem Sender und seinen Mitarbeitern, die uns als Band oftmals sehr gut getan hat. Vor allem heute, wo Plattenfirmen monatlich Millionenbeträge für Videoclips zum Fenster rauswerfen, die letztendlich niemals auf VIVA laufen. Da ist es eine feine Sache, durch diesen ersten auf VIVA gesendeten

Clip so eine Art Tätowierung auf der Haut bei diesem Sender zu sein, die auch noch Jahre später zu sehen ist und die man auch nicht so schnell vergessen kann, denn bekanntlich hinterlassen weggemachte Tätowierungen eine häßliche Narbe.

Was anfänglich als interessante Auswahl von Moderatoren begann, endet im Teleprompter-Ablese-Chaos von Leuten wie z.B. Mola Adebisi – den ich persönlich zwar sympathisch finde –, dessen Fähigkeiten der Aussprache aber bestenfalls in Anführungszeichen zu setzen sind; oder manch anderen Moderatorinnen, deren Stimme beim Casting sicher nicht das Auswahlkriterium war, da sie – vorausgesetzt, der Fernseher ist laut genug aufgedreht – die Amalganfüllungen durch ihre Stimmfrequenz zu einem zahnschmerzenden Vibrieren bringt – immer wieder ist es spannend für uns Vier, wenn wir mit VIVA zusammenarbeiten, da die Fanta-Beiträge zum einen für VIVA natürlich teenietauglich sein müssen und trotzdem auch für »ernsthafte« Fanta-Fans unterhaltsam sein sollen. Dadurch, daß meine Freundin mal zwei Jahre bei dem Verein arbeitete, habe ich glücklicherweise einen guten Teil der Leute dort persönlich kennen- und schätzengelernt. So gibt es immer wieder die eine oder andere lustige F4-VIVA-Verbindung, wie z.B. das Moderieren einer gesamten *Interaktiv*-Sendung von uns Vieren (malt die Fanties als Stofftiere – herzlich willkommen, liebes Geburtstagskind des Tages in der Pubertät) oder das Selberproduzieren von Fantie-Slapstickfilmen, die ich selbst im VIVA-Tonstudio eine ganze Nacht lang nachsynchronisierte.

In der Öffentlichkeit kosen wir uns ja selber gerne mit der Bandbezeichung »Fanties« – eine witzig-süße Persiflage auf Teenietalk. Ironischerweise ist es selber ein Teenie – Tobias Schlegel – gewesen, der uns auf dieses schmale Brett brachte. Am sog. »Fanta-Tag«, anläßlich der Veröffentlichung des Albums *Lauschgift,* gab es Livemoderationen vom *Interaktiv*-Tobi zur Girlie-Heike, die uns live zur Kölner Autogrammstunde begleitete. In den Zwischenmoderationen sprach Tobi ständig von den »Fanties«, was ich erst viel später beim Angucken auf Videotape bemerkte – und ich dachte »Ogottogott – Fanties! – das klingt ja wie ›Diddelmaus‹ – oder schlimmer, wie ›Kellys‹ – urks« – doch wir machten uns einen Spaß daraus, dieses Unwort gerade deshalb vor laufenden Kameras in den Mund zu nehmen, und siehe da, jetzt spricht selbst unser Management am Telefon mit unserer Plattenfirma von den Fanties – danke Tobi, danke.

Merkwürdig finde ich es, daß zu jedem Moderator eine eigene Begrüßungs- und Verabschiedungsformel eingeführt wurde. Amüsiert stelle ich mir das Heer der langhaarigen selbstgedrehterauchenden Autoren vor, die sich den Kopf über diesen Hausaufgaben zermarterten – aus »Hasta la Vista« wird »Hasta la Viva« – Nils Bokelberg als Schneider- und Moers-Verehrer sagt selbstverständlich »Mahlzeit«, und das Hinterletzte ist natürlich »auf Vivasehen« – zum Glück weiß ich, daß der Erfinder dieses fürchterlichen Grußes ein zynisch-satirischer Witzbold ist, der sich ins Fäustchen lacht, wenn er dafür bezahlt wird und den Spruch obendrein auch noch regelmäßig in der Glotze präsentiert bekommt.

Auch nicht ganz so toll war das »Tschau-Tschüs« von Autor Matthias Opdenhövel – ebenfalls im Rahmen eines weiteren Fanta-Tages kamen wir gemeinsam auf die Idee, einige Sendungen selber zu moderieren – *Interaktiv* habe ich natürlich mit »Hallo ihr Partyratten« eröffnet und außerdem darauf hingewiesen, daß Diddlmäuse verboten gehören (als Tip an die minderjährige fanbriefschreibende Zunft – der Erfinder dieser bestimmt aus wissenschaftlichen Studien herausgeforschten Diddlmaus-Gestalt ist sicher mehrfacher Millionär). Mein einschneidendstes Erlebnis an diesem Tag war die Moderation der *News*, die dieses ausgeflippte TV-Design hat, wo die Augen vergrößert sind, die obere Hälfte des Bildschirms ausfüllen und der Mund in der unteren Hälfte vom Schriftbalken versperrt wird. Aufmerksame Beobachter können die Äuglein des Moderators auf den Prompterzeilen hin- und hertanzen sehen. Ja, und da war mein großer Augenblick – genau wie M. Opdenhövel einmal am Ende »Tschau-Tschüs« sagen zu dürfen und diesen schelmisch eingeübten Augenaufschlag zu vollführen, das war schon was.

Krönung des privat-musikalisch-geschäftlichen Zusammenspiels war, als wir vom U 2-Management angefragt wurden, die U 2-Auftritte als Vorgruppe zu versüßen – nach ellenlangem internem Bandherumgediskutiere haben wir uns dafür entschieden – die endgültige Besiegelung des Deals von seiten der Iren ließ aber auf sich warten – und zwar monatelang – unser deutscher Mittelsmann bekam einfach keine feste Aussage – das war dumm, da wir ja nun auch einige andere Konzertangebote hatten, die wir hätten absagen müssen – nach drei Monaten haben wir uns die U 2-Sache also abgeschminkt. In dieser Zeit klingelt mein Telefon und Matthias ist dran – rein zufällig – nix abgesprochen – er sagt, er würde nach USA fliegen, um dort U 2 zu interviewen – ich sage zu ihm, daß er doch bei der Gelegenheit mal Bono fragen soll, wie es denn mit der Vorgruppe in Deutschland so aussieht. Ok – meine unverfängliche Annäherungsformulierung in den Wind schlagend, fragt Matthias Bono vor laufender Kamera, ob denn die Fantas jetzt spielen oder nicht – der etwas wirre Bono wundert sich, daß wir noch nichts davon wüßten. »The support for germany will be the Fanschstastichen Four« – also was sagt man dazu – kaum zurück, ruft mich Matthias an und fragt, ob sie die Meldung schon in den *News* bringen sollen – ich hadere und frage mich, ob die Verzögerung von seiten des irischen Managements nicht Absicht war, um evtl. den einen oder anderen Konzerttag doch noch absagen zu können, weil der Ticketverkauf angeblich nicht zufriedenstellend lief – und ob man das U 2-Management mit der frühen Meldung nicht evtl. überrumpeln würde und der Deal damit womöglich endgültig platzt – egal, zwei Tage später lief das Gespräch in den Tschau-Tschüs-VIVA-*News*, und drei Tage später war unser Mittelsmann telefonisch nicht mehr zu erreichen, denn bei ihm war ständig besetzt – am vierten Tag gab's die Zusage – auf jeden Fall hat mein alter Kumpel Matthias den Deal mit U 2 katalysiert.

Hasta La Viva!

Ich bin bisher noch nicht geholfen worden

Über meine Lieblingsband Die Toten Hosen

Ich weiß gar nicht mehr, wie er heißt. Ich erinnere mich nur daran, daß er ein flüchtiger Bekannter war. So ein Typ, mit dem man eine Zeitlang zusammen abhängt, in die Stadt geht, heimlich die ersten Zigaretten raucht und mal an einem Bier nippt. Einmal war ich auch bei ihm zu Hause, bei diesem Church. Das war sein Spitzname. Sein Zimmer war spießig. *Auto-Motor-Sport*-Poster an den Wänden, eine Patchwork-Tagesdecke über dem Bett und ein Porta-Holzschreibtisch, auf dem seine Hausaufgaben lagen. Es war so eingerichtet, wie eben alle Jungszimmer aussehen, wenn man sich noch nicht traut, die Centerfolds aus dem *Playboy* an die Wand zu klatschen. Wir hörten Musik, und er zeigte mir eine Platte, die er sich vor ein paar Tagen gekauft hatte. Auf dem Cover waren fünf schräge Jungs zu sehen. Sie trugen Schlaghosen, 70er-Jahre-Schuhe und fette Ringe. Ihre Platte hieß *Damenwahl*, und sie nannten sich Die Toten Hosen. Das war 1986. Und ich war fünfzehn.

Von da an änderte sich mein Leben. Nicht gewaltig, aber immerhin ein bißchen. Ich hörte nicht mehr nur die Musik, die man sowieso überall auf die Ohren gedröhnt bekam, ich gab jetzt Geld aus für Platten. Meine ersten Singles, die ich vorher meinen Schwestern geklaut hatte, landeten auf dem Müll – was ich heute bereue, denn wer besitzt schon noch die erste Vinylpressung von Haysi Fantayzees *John Wayne Is Big Leggy*? Dieser Church und ich, wir saßen damals headbangenderweise auf dem Fußboden, als ich seine neueste Errungenschaft zum ersten Mal hörte. »Verschwende deine Zeit«, »Wort zum Sonntag« oder »Bis zum bitteren Ende«, diese Songs haben irgend etwas mit mir veranstaltet. Was war los, wurde ich jetzt erwachsen? Keine Ahnung, aber ich fand die Typen einfach geil. Es dauerte nicht lange, bis ich alle Scheiben besaß, die die Hosen bisher rausgebracht hatten.

Was da passierte, war eher eine stille Revolution. Ich färbte meine Haare nicht rot und trug auch keine Sicherheitsnadeln im Ohr. Ich wurde kein Punk im optischen Sinn, aber ich konnte mit dieser Musik viel anfangen. Bis dahin war ich ein recht pflegeleichter Sohn gewesen, hatte ganz anständige Noten nach Hause gebracht und war immer pünktlich zum Fußballtraining gegangen. Das änderte sich zwar nicht komplett, doch ich wurde immer aufsässiger. Überall kritzelte ich den Namenszug dieser Band drauf: auf meinen ramponierten Scout-Ranzen, die Federmappe oder den Holztisch im Eßzimmer. Wann immer mein Dad seinen Teller anhob, konnte er die neun Buchstaben lange Kerbe sehen, ein Anblick, bei dem ihm nicht selten der Bissen im Hals steckenblieb. »Tote Hosen« war an jedem zweiten Einrichtungsgegenstand in meinem Dachzimmerchen zu entziffern. Meine Eltern hatten es dank der fünf Jungs aus Düsseldorf auf einmal schwerer mit mir. Ihre Musik wurde aber nicht nur zum Soundtrack von Saufabenden oder Absturzfeten (na ja, jedenfalls nicht immer). Ich wollte diese Band unbedingt live sehen.

In einer speziellen Nacht im Jahr 1988 habe ich ziemlich beschissen geschlafen. Komisch eigentlich, denn es stand weder eine Mathearbeit über Logarithmen auf dem Programm, noch mußte ich meiner nervigen Verwandtschaft einen Besuch abstatten. Es war die Aufregung vor meinem ersten Hosen-Konzert. Sie spielten im Bielefelder PC 69, dem Laden, in dem ich fast jedes Wochenende zu Gast war. Sehr zum Unmut meiner Mutter übrigens, die erst dann ein Auge zubekam, wenn ich endlich, meist morgens um 5 Uhr, wieder zu Hause auflief.

Die Hosen waren auf *Horrorschau*-Tour. Da standen sie nun schön nebeneinander auf der Bühne: Campino, Andi, Breiti, Kuddel und Wölli. Aber mit »stehen« habe ich wohl das falsche Verb gewählt, denn die ganze Show hindurch sprangen die fünf rum, soffen und schrien sich die Kehle aus dem Hals. Und ich fand es einmalig. Das waren noch Zeiten, als Campino die Hardliner in den ersten Reihen mit Getränken versorgte, die allesamt nicht unbedingt im Regal für isotonische Durstlöscher zu finden waren. Mein T-Shirt stand vor Dreck und Bier, doch nicht nur aus diesem Grund kaufte ich mir beim Rausgehen ein neues. Das sollte bei allen noch folgenden Hosen-Konzerten zum Ritual werden: runter mit dem verschwitzten Lappen, her mit einem frischen vom Stand. (Die Qualität der Hosen-T-Shirts hat sich übrigens leider umgekehrt proportional zu ihrer Erfolgskurve entwickelt.) »Bumsen, Ficken, Blasen« stand auf dem Bielefeld-Souvenir, und mein Vater, der draußen auf ein pubertierendes Trio wartete, wollte mich deshalb fast nicht mit nach Hause nehmen. Meinen beiden Freunden verzieh er die angebliche Geschmacksverirrung, nur ich bekam mein Fett weg. So wie immer. Meine Mutter hat sich übrigens standhaft geweigert, dieses Kleidungsstück jemals zu waschen. Ich war zwar der Jüngste in unserer Familie, mußte aber immer den Kampf des Vorreiters mit meinen Parents aufnehmen, weil meine beiden lieben Schwesterlein eher eine ruhige Kugel schoben, was das Ausgehen betraf.

Ich wurde in meinem Freundeskreis zum Hosen-Spezialisten, ich wußte alles über die Jungs. Meine Ma, die sich langsam von meinem Geschmack überzeugen ließ, strickte mir zu Weihnachten den amtlichen Campino-Pulli, was sie zur besten Mutter der Welt machte. Ihre einzige Vorlage war das Booklet der Doppel-CD *Auf dem Kreuzzug ins Glück*. In der Mitte ist da eine Ramschvitrine mit allen möglichen Hosen-Utensilien zu sehen – den alten Puma-Schuhen von Breiti, den Gipsarmen von Kuddel und eben dem berühmten Campino-Pulli, Farbkombination: Orange, Gelb, Pink. Ich bekam eine 1A-Kopie von dem Strickoberteil unter den Weihnachtsbaum gelegt und war von nun an die Reinkarnation von Andreas Frege. Seinen typischen Ausfallschritt mit gekreuzten Beinen vor dem Mikroständer perfektionierte ich, bis ich von meinen Kumpels ein verbales Copyright verlangte, wenn sie die Dreistigkeit besaßen, auf einer Party ebenfalls so rumzustehen (»Das ist meine Geste!«).

Natürlich fuhr ich zu jedem Hosen-Konzert, das einigermaßen

erreichbar war. Ein Problem dabei war nur, daß leider nicht ich zu entscheiden hatte, was erreichbar war und was nicht, sondern ein freiwilliger Fahrer. Der Führerschein war noch Lichtjahre entfernt. Und wißt ihr, wann ich richtig stolz war auf meine Eltern? Als meine Mutter mich am Morgen nach einem Konzert beim Frühstück fragte, wo denn meine Brille sei – und ich nur nuscheln konnte: »Die habe ich gestern beim Pogen verloren.« Im Gesicht meiner Mutter war auf einmal irgendwas von Stubenarrest zu lesen. Als ich jedoch nachschob, ich hätte noch Karten für die Hosen ergattern können, bildete ich mir ein, einen Hauch von einem Lächeln auf ihren Lippen erkennen zu können. Hieß das in Worten, sie hatte es akzeptiert, daß mir die Toten Hosen mehr bedeuteten als eine zerkratzte neue Sehhilfe? Als dann auch noch die Versicherung zahlte, blieb die Sache ohne schwerwiegende Folgen.

Bei einem anderen Gig schmuggelte ich einen Walkman (inklusive Record-Taste) in die Stadthalle von Kassel und versorgte halb Detmold mit einem miserablen Bootleg, das aber immerhin die rare Akustikversion von »Wehende Fahnen« enthielt. Das Band-Video »Drei Akkorde für ein Halleluja« wurde zur verfilmten Bibel für mich. Wie oft ich es zusammen mit anderen Hosen-Verrückten gesehen habe, kann ich nicht zählen. Es war immer die gleiche Reihenfolge: Bier kaufen, Kassette rein und mitsprechen. Ich war aber dennoch kein Fall für den Psychologen, ich hatte schon noch mein eigenes Leben. Andere Menschen in meinem Bekanntenkreis haben damit bis heute mehr Probleme. Einem Hosen-Fetischisten aus gemeinsamen Tagen zum Beispiel habe ich vor gar nicht allzu langer Zeit zu seiner Hochzeit ein signiertes Poster mit einem trostspendenden Spruch von Campi geschenkt. Als ich es ihm in die Hand drückte, hatte er deutlich sichtbar Tränen in den Augen – ein paar Wochen später, bei der Geburt seines ersten Kindes, waren sie furztrocken. Soviel zum Thema Prioritäten.

Acht Jahre früher waren wir beide noch auf derselben Emotionsebene und gehörten zu den glorreichen Gedächtnisgöttern, die jeden Spruch der Hosen aus ihrem Video auswendig draufhatten. Und nicht nur das. Auch Heinos Kultsatz zu seiner Augenkrankheit, der in die Annalen der deutschen Grammatik eingegangen ist: »Ich war schon bei sehr vielen Ärzten gewesen, aber ich bin bisher noch nicht geholfen worden.« Das ist doch der Brüller, oder? O.k., vielleicht muß man dabeigewesen sein. Der heimliche Hauptdarsteller des Videos aber war Uwe Faust, damals Fahrer der Hosen und für uns ebenfalls ein Hero. Wer wußte, wer Faust ist, war ein Hosen-Kenner. Faust kam aus Wanne-Eickel und brachte seine Einstellung zur Band ganz trocken auf den Punkt. Bei den Bemühungen der Toten Hosen, eine erfolgreiche Kapelle zu werden, machte er alles mit – doch ein gewisses Niveau durfte nicht unterschritten werden. Nicht, was die Themenwahl beim Backstage-Saufen anging, sondern wie und wo übernachtet wurde. Als er mit der Band mal in Polen in einem Mehrbettzimmer nächtigen mußte, war für ihn der Spaß vorbei. Sein Kommentar, der auf Tape festgehalten wurde:

»Da war so ein Gelber auf dem Kopfkissen, und danach ging die Grundsatzdiskussion los: Ist das noch Punk? Ich habe gesagt, für mich ist das kein Punkrock mehr.«

Die Toten Hosen sind heute so erfolgreich wie noch nie, sie werden mit Auszeichnungen, mit Goldenen und Platin-Schallplatten überschüttet. »Ausverkauf des Punk!« buht es da aus einigen Ecken. Ich habe hier keine Lust, die Toten Hosen zu verteidigen. Natürlich geht Campino kaum einer Fernseh-Anfrage aus dem Weg, er rührt zusammen mit Bio in Kochtöpfen rum und pflanzt sich auf fast jedes Talkshow-Sofa. Aber mal ehrlich: Wer sich über zehn Jahre lang den Arsch abgespielt hat (auf jeder Toilette, die sich hierzulande Club nennt, wie es Campi mal so treffend bezeichnet hat), der darf doch auch irgendwann im Leben mal die Hand aufhalten, oder? Zu den Anfangszeiten der Hosen gab es VIVA eben noch nicht. Also konnte man mit einem guten Video nicht mal eben auf die Schnelle bekannt werden, sondern mußte sich den Erfolg erspielen.

So, das war mein Wort zum Sonntag ... und jetzt weiter im Text. Im Frühjahr 1994, VIVA hatte sich gerade von der ersten Medienschelte erholt, stand plötzlich ein Interview mit den Toten Hosen auf dem Programm. Da kam im Sender die Frage auf, wer überhaupt Ahnung von den Jungs habe. Ich war mir sicher, daß ich jeden Konkurrenten mit meiner Fachkenntnis zum freiwilligen Rückzug hätte bewegen können, doch das war gar nicht notwendig. Keiner reckte den Finger, also war ich dran mit den Toten Hosen. Termin klargemacht, Campino-Pulli von Mama übergezogen und ab nach Düsseldorf. Im Hosen-Hauptquartier traf ich erst mal auf Andrea, die fleißige Biene im Hintergrund. Und dann trudelten sie ein: Andi, Breiti und Campi – die mir kein bißchen wie die dicksten Freunde vorkamen. Sie zerstörten in diesem Moment meine heile Welt: Ich hatte immer behauptet, die fünf Jungs von den Toten Hosen seien die besten Kumpel. Natürlich waren sie das auch, aber ich raffte damals noch nicht, daß man als Band auch eine Art Zweckgemeinschaft ist und nicht dauernd lachend über der Kloschüssel hängen kann.

»Korrekter Pulli«, war der erste Kommentar vom Frontmann. Plötzlich war ich mir gar nicht mehr so sicher, ob das mit dem Strickoberteil wirklich so eine gute Idee gewesen war. Dachten die womöglich, daß ich damit schleimen wollte? Sie kannten mich ja überhaupt nicht, schon gar nicht meine Vorgeschichte. Mit meinem gestriegelten Mittelscheitel sah ich für sie vielleicht aus wie ein Kassenwart bei der Jungen Union, und dabei war ich doch einer von ihnen! Aber zum Glück ging alles glatt. Über eine Stunde haben wir über jedes erdenkliche Thema gelabert, bis der Kameramann einen steifen Arm bekam. Sogar die Originalversion zum Pulli tischte mir Campino auf:

Vor Jahren, als er zusammen mit Andi in London war, hatte er den farbenfrohen Pullover im Fenster eines Ladens hängen sehen. Ihm war sofort klar, daß er den haben mußte. Doch die Kaufentscheidung fiel nicht leicht – entweder der Pulli oder der restliche Urlaub. Kohletechnisch sah es bei den beiden Nachwuchspunkern nämlich schlecht aus zu der Zeit. Campi ließ sich nicht dazu überreden, mit den gemeinsamen Ferien in die Verlängerung zu gehen. Er wollte diesen Pulli (und nur den) und hatte schon damals die Vorahnung, daß er ein Zeichen sei. Andi kriegte seinen besten Kumpel wenigstens soweit, die London-Reise trotz des Wucherkaufs nicht abzubrechen. Deshalb beschränkte man sich auf das Nötigste und sparte sogar an der Nahrungsaufnahme, um wenigstens noch ein paar Tage zu haben.

Zu Hause in Mettmann nahm das Drama seinen Lauf. Campi liebte diesen Pulli so sehr, daß seine Mutter nicht einmal die Chance bekam, ihn zu reinigen. Das wollte der Sohnemann eigenhändig erledigen. Als er nach dem Trocknen das Grauen auf der Leine hängen sah, war er schockierter als mein Kumpel im Kreißsaal: Die Farben waren total verlaufen. Obwohl er zweisprachig aufgewachsen war, hatte Campi das Schild im Kragen mit dem Hinweis »dry flat« übersehen. In seiner schönsten Blüte hat er diesen Pulli also nur bis zur ersten Wäsche genießen können. Aber weil diese Geschichte seine späteren Fans ähnlich traurig wie ihn selbst machte, kann sich der Tote Hosen-Sänger inzwischen vor selbstgestrickten Plagiaten kaum retten.

Unsere Unterhaltung ging noch weiter, als das Kamerateam schon längst Akkulicht und Kabel verstaut hatte. Die drei Hosen erzählten mir von Schlägereien mit Schweizer Skins in Zürich und ihren weltberühmten *Magical Mystery*-Konzerten. Davon hatte ich immer geträumt – die Jungs einmal bei mir zu Hause im Keller haben, zusammen mit ihrem Reiseverstärker ... Mein Vater hatte diesen Traum auch, gestand er mir, nur setzte er die Silbe »Alp« davor.

»Komm doch mal auf der Tour vorbei«, meinte Andi zum Schluß.

Yes, ich war dabei! So ganz mies konnte mein Interview also nicht gewesen sein. Auf Wolke sieben geschossen, tänzelte ich auf Zehenspitzen durch das Hosen-Quartier und ließ einige Flüchtigkeitsfehler zu. Zum Beispiel hielt ich den dreien meinen Stift unter die Nase und bat um ein Autogramm – eine Aktion, die man sich als Fragensteller fürs Fernsehen schnell abgewöhnen sollte, um sich nicht vollends lächerlich zu machen. Aber mir war es in diesem Moment scheißegal. Ich hatte meine Hosen interviewt, und das mußte ich dokumentieren. Daß ich mir eine Videokopie des Gesprächs hätte ziehen können, fiel mir in der Sekunde nicht ein.

Später guckte ich mir den Talk dann im Fernsehen an. Wahnsinn, da saß ich also. Und neben mir die Jungs, deren Songtexte für mich immer wichtiger waren als irgendwelche Lateinvokabeln. Ich neben den Hosen. Das war noch vor einem halben Jahr genauso undenkbar gewesen wie die Vorstellung, von Rudi Völler bei einem Länderspiel den Ball in die Hand gedrückt zu bekommen und zu hören: »Schieß du den Elfer, Matti!« Mann, hatte ich Adrenalin in der Birne an dem Nachmittag, ich wollte diese Räumlichkeiten nicht mehr verlassen. Das merkte auch Christian, der *Was geht ab?*-Redakteur, der mich darauf aufmerksam machte, daß wir in Köln noch ein East 17-Interview zu drehen hätten. Was für eine Kombination! Die Idole meiner Jugend und diese Gartenzwerge aus England, alles innerhalb von drei Stunden. Muß ich erwähnen, daß meine Konzentration für den zweiten Dreh irgendwo am Mörsenbroicher Ei verlorengegangen ist? Die des Kameramanns am Steuer wohl auch, denn da mußten wir gar nicht lang.

Ich sollte also vorbeikommen auf Tour. Ich wäre doch sowieso vorbeigekommen ... Was diese Platitüde von Andi zu bedeuten hatte, merkte ich erst ein paar Monate später. Ich bekam keine normale Karte für die Westfalenhalle in Dortmund, sondern einen Backstage-Ausweis. Der hielt mich aber noch lange nicht davon ab, den Gig in der ersten Reihe mitzuerleben. Bei einem Hosen-Konzert hatte ich nun wirklich keine Lust, auf den reservierten VIP-Tribünenplätzen zu hocken. Wie sollte man da auch das so beliebte »Stagediven für Rollstuhlfahrer« zelebrieren? Dieser von meinen Hosen-Freunden und mir kreierte Begriff (zugegebenermaßen nicht ganz p.c.) meint: sich von hinten über die Fanmassen nach vorne in den Graben tragen lassen. Real-Diven geht ja auf so großen Konzerten nicht mehr, weil die Bühne zu weit weg ist. Deshalb muß man auf diese Methode zurückgreifen. Und so erblickte mich Campi, der gerade am Bühnenrand »Kauf mich« intonierte, wie ich von Meyers-Security aus dem Menschenmeer gefischt wurde. Ein Lächeln konnte er sich nicht verkneifen, aber das lag wahrscheinlich an meiner zu verbesserunsbedürftigen Körperhaltung.

Als besonderen Gag hatten sich die Jungs auf dieser Tour die Lkw-Nummer ausgedacht. Nach dem eigentlichen Konzert gaben sie vor der Halle noch ein paar Zugaben auf einem kleinen Palettentransporter. Ich kam leider erst draußen an, als diese Geschichte schon vorbei war, aber zum Trost gab es dann in den Katakomben der Westfalenhalle noch ein paar Bier auf Hosen-Kosten, das ist der eigentliche Vorteil der Backstage-Pässe. Knapp fünfzig geladene Leute hängen dort ab und warten auf den Moment, der Band für das tolle Konzert auf die Schulter klopfen zu dürfen. Diesmal waren auch die Fußballer Peter Közle und Lars Ricken dabei, die sich auch noch beschwerten, nicht die einzigen mit dem Wichtig-Paß zu sein.

Die Anerkennung bekam aber ich, und zwar vom Chef persönlich – Campino lobte meinen vorbildlichen Einsatz an der Pogo-Front. Ich stand wie Falschgeld mit zwei reingeschleusten Freunden in den Gängen rum, als der lange Typ von knapp eins neunzig, der gerade über 16.000 Menschen zum Kochen gebracht hatte, auf mich zukam, mit seiner Sektflasche an mein Bier stieß und meinte:

»Guter Einsatz da vorne, ich war begeistert.«

Und ich erst. Auch von seinem neuen Tattoo auf dem Oberarm. Ganz frisch leuchtete mir ein Totenschädel und der Spruch »Alles wird gut« entgegen. Wenn ich Campino wäre, ich würde Nina Ruge verklagen, diesen Spruch für ihre unsägliche Verabschiedungsfloskel so dermaßen verschandelt zu haben. Auf jeden Fall war er sichtlich überrascht, daß dieser Brillenträger von VIVA ein Freund des Moshpits ist.

Und des Fußballs. Mir war, genau wie Breiti, der Anstoß zum Weltmeisterschaftsspiel Deutschland gegen Spanien wichtiger als die letzte Zugabe des Tote Hosen-Open Airs 1994 in Aachen. Also verzichtete man auf »Mehr davon« und stand pünktlich zum Anpfiff, mit einem Bier gewappnet, vor einem kleinen Fernseher im provisorischen Umkleideraum der Band. Und weil Campino dort auch noch in seinen Geburtstag reinfeierte, blieb es trotz des mageren 1:1 nicht bei einem Schluck (ich kann mich an den Weg, den ich nach Köln zurückgefahren bin, heute noch nicht erinnern).

Den Rest meiner Sporen verdiente ich mir 1995 in Amsterdam. Zum neuen Album *Learning English, Lesson One* spielten die Toten Hosen einige Gigs in Europa und Südamerika und machten auch Stop im Melkweg. Ein kleiner Club, aber ein großes Konzert – Campi sprang von einer sieben Meter hohen Balustrade in die schwitzende Meute, ohne sich den Hals zu brechen. Und ich verlor meine auf einem Kurzurlaub angefutterten Pfunde beim Rumschubsen vor der Bühne. Nach dem Auftritt wurden vorzügliche holländische Spezialitäten gereicht, und die Kabine der Hosen war mit dreißig Freunden aus Deutschland genauso voll wie die Besucher selbst. Übrigens war Amsterdam eines der wenigen Konzerte, bei dem ich die Eltern der Musiker nicht entdecken konnte. Meist ist in der Nähe der Bühne ein stattlicher Vater in Ottmar Hitzfeld-

Trenchcoat oder eine besorgte Mutter zu sehen, die hofft, daß sich ihr Sohn beim Stagediven nicht allzusehr wehtut. Besonders Campis und Andis Mums sind oft dabei. Das ist schon lustig, wenn man bedenkt, daß sie es waren, die ihren Kindern früher den Umgang mit ihren punkigen Freunden verboten haben. Heute sind die Alten die größten Fans ihrer Söhne, und es ist immer wieder schön zu hören, daß Frau Frege zu ihrem Sohn Andi sagt und hartnäckig ignoriert, daß er für die Welt einfach nur Campino ist.

Die Eltern waren in Amsterdam also nicht mit von der Partie, und vielleicht war das auch ein Grund, weshalb sich alle aufführten, als sei man auf Klassenfahrt. Ich wollte zum Beispiel morgens um fünf unbedingt noch in den Grachten schwimmen gehen. Warum wir so kräftig gefeiert hatten, wußten wir am nächsten Morgen nicht mehr ganz genau. In der Hotellobby traf man gegen 10 Uhr 30 auf ein paar zerknautschte Hosen, die aber sicher komfortabler genächtigt hatten als die VIVA-Posse. Zu viert mußten wir uns ein Doppelbett teilen, weil die Reiseabteilung mal wieder astrein gebucht hatte. Zum Glück war ich aus der entscheidenden Knobelei kurz vor Sonnenaufgang als Sieger hervorgegangen und gehörte zu den Glücklichen, die es sich auf der Matratze gemütlich machen konnten. Die beiden Verlierer mußten sich derweil mit dem Teppich anfreunden, aber auch sie verbrachten eine angenehmere Nacht als Wölli. Der Drummer der Band stand nämlich schon während des Konzerts kurz vor der Auswechslung. Er hatte sich am Tag zuvor so fies den Magen verdorben, daß er von der holländischen Metropole nur die schnellsten Strecken zu ihren Klos und zurück kennenlernte.

Mit fast vierzig Grad Fieber trommelte er im Melkweg auf seine Schießbude ein – und die Kollegen waren nicht gerade das, was man rücksichtsvoll nennt. Campis Predigten zwischen den Songs hatten zwar zeitweise XL-Format, aber das lag vielleicht auch daran, daß er sie in englischer Sprache halten mußte. Außerdem waren diese kurzen Erholungsphasen nur Tropfen auf den heißen Stein, denn das Programm bestand aus solchen Hammer-Nummern wie »Opel-Gang« oder »Musterbeispiel«. Liedchen also, mit denen dem Oldie am Schlagzeug keine Schonung vergönnt war. Aber Wölli hielt tapfer durch und wurde von Kiki, dem Tourmanager, sofort nach dem fast dreistündigen Gig mit einem Kamillentee ins

Bett gesteckt. Am nächsten Morgen hatte Wölli die Keramikabteilung des Stadthotels genauestens kennengelernt, es ging ihm noch lange nicht besser. Der kommende Auftritt mußte deshalb abgesagt werden – was einige auf den obskuren Gedanken brachte, weiterzufeiern.

Bei unserem Kamerateam hatte am Konzertabend wohl auch so etwas wie Katerstimmung geherrscht, denn ein entscheidender Knopf war falsch gedrückt worden. Das Interview, das ich mit den vier Hosen (Wölli war einige Minuten lang unpäßlich) geführt hatte, war mit doppelter Geschwindigkeit aufgezeichnet worden, so daß beim Abspielen alle Stimmen klangen wie Mickymaus auf Speed. Das war also ein Talk für die Tonne, aber dafür waren die Livebilder um so geiler.

Ein paar Wochen später nahm mich Campi nach einem Konzert in der Essener Grugahalle zur Seite, als er eine Flasche Weißwein aufmachte. Zuerst raunzte er mich an, warum ich Heike Makatsch nicht mitgebracht hätte, meinte dann aber, daß ich nun dazugehören würde. Anfangs hätten sie nicht gewußt, was ich für ein Typ sei, aber nach den gezeigten Leistungen, besonders auf und nach dem Gig in Holland, würde man sich mit mir wohl nicht schämen müssen. Diese bestandene Prüfung war aber nicht der Grund, weshalb ich mich bei den nächsten Hosen-Konzerten aufs Altenteil zurückzog und den Jungs von der Tribüne aus zusah. Ich mußte aus jobtechnischen Gründen aufs Pogen verzichten, denn alle Hosen-Interviews für VIVA führte weiterhin ich, und viele waren nach den Auftritten. Auf dem Schirm fällt es eben unangenehm auf, wenn man aussieht, als hätte man in einer Bierlache übernachtet. Das leuchtete mir ein, anfreunden konnte ich mich mit dieser disziplinarischen Maßnahme meines Arbeitgebers allerdings nur schwer. Als ich 1995 in Mannheim zum ersten Mal von der Seite aus auf die Bühne schielen mußte, juckte es mir tierisch in den Beinen, und Campino war über meine Zurückhaltung etwas verwundert:

»Ich hab' dich in der ersten Reihe vermißt«, lautete seine dezente Kritik an meinem fehlenden Elan.

Von da an kämpfte ich eher hinter den Kulissen für die Hosen. 1996 war wieder mal ein Hosen-Tag auf VIVA geplant. Nachdem ein Jahr zuvor unveröffentlichtes Archivmaterial der Band nicht genutzt worden war (angeblich, weil der Schnitt zuviel Arbeit gemacht hätte), nahm ich die Sache nun selbst in die Hand. Viel kam auch dabei nicht rum – kein Wunder auch, wenn man kein Geld ausgeben darf. Aber immerhin drehte ich mit Campi, Andi, Breiti, Kuddel und Wölli einen ganzen Tag in Düsseldorf, denn die Jungs sollten ihre Lieblingsecken der Stadt vorstellen. Wir angelten im professionellen Hochsee-Outfit im Volksgarten-Teich, kloppten im Proberaum bei Campino zu Hause auf den Instrumenten rum, lieferten uns heiße Go-Kart-Schlachten (Kuddel bretterte jeden in die Leitplanken, obwohl er noch nicht mal einen Führerschein besitzt) und landeten schließlich im Ürige, *der* Kneipe in der Düsseldorfer Altstadt, um uns das mit dem Altbierbrauen mal genauer anzusehen. Ein lustiger Tag, an dem man auch merkte, daß die Stillsten in der Band, nämlich Kuddel und Wölli, den feinsten Humor haben: Drei Stunden lang sagen sie nichts, aber dann lassen sie einen raus, daß man unterm Tisch liegt.

Ungefähr dort verbrachten die meisten nach dem legendären Rosenmontagszug die Nacht. Aber das war völlig in Ordnung, denn Stunden vorher hatte eine Musikkapelle aus Düsseldorf den Stadtkarneval auf Platz eins der Nachrichtensendungen der Republik katapultiert. Als Schlampen verkleidet, sind sie auf einem fetten Boxen-Wagen als Startnummer drei ins Rennen geschickt worden. Obwohl noch etliche Jecken-Karossen folgten, kam nach dieser die Sintflut. Tausende Hosen-Fans begleiteten den Zug und freuten sich über das »Umsonst und Draußen«-Konzert der Travestiten auf Zeit. Ich hatte mich – entgegen meiner Überzeugung, denn ich komme ja schließlich aus einem Karnevals-Entwicklungsgebiet – ebenfalls zum Deppen gemacht und als Elch verkleidet. Eine Skimütze mit Geweih, ein dicker Pulli, ein paar Striche im Gesicht, fertig! So saß ich mit Millionen Faschings-Touris im Zug von Köln nach D'dorf. Ich war so gut entstellt, daß mich von der Wagenbesetzung der Hosen kein Mensch mehr erkannte und ich am verabredeten Treffpunkt nicht aufsteigen durfte. Also rannte ich mit der schunkelnden Hosen-Herde hinter dem dröhnenden Kirmeswagen her wie die Ratten hinter diesem Typen mit der Flöte aus meiner Heimat. Wenigstens hatte ich mir gemerkt, wo anschließend gefeiert werden sollte. Im hoseneigenen Laden traf man auf die frisch geduschte und abgeschminkte Band. Ich war der einzige in Kostüm und mußte diese Peinlichkeit auch noch mit einem ungeliebten Düsseldorf-Gesöff ertränken. Ja, sind wir im Wald hier, was soll ich mit Altbier?

Auf dieses Gebräu stehen bekanntlich auch die Fans von der DEG, und die wunderten sich nicht schlecht, als mitten im Jahr die Herren aus der Musikbranche in Knochenbrecher-Eishockeytrikots in der Bremstraße aufliefen. Die Toten Hosen hatten zum Länderspiel geladen. Verstärkt durch Spieler der Düsseldorfer Eissport-Gemeinschaft, versuchten sie, den Leningrad Cowboys und ihren Spezis aus der finnischen Nationalmannschaft einige Pucks ins Netz zu legen. Ein großer Spaß, der aus deutscher Sicht 10:11 ausging. Aber egal. Zu sehen, wie sich zum Beispiel Wölli gegen die Suomis abmühte, war schon einen Schmunzler wert. Der Hosen-Trommler hat sich wenigstens getraut, während sich der Leadgitarrist mit einem provisorischen Gipsarm kurz vorher abmelden ließ. Dabei wird eigentlich alles, was die Toten Hosen anpacken, mit größtem Einsatz durchgezogen. Wochen vorher hatten sie sich mit Uli Hiemer und Helmut De Raaf ins Trainingslager zurückgezogen und Schlagschüsse geübt. Weil die Erfolgsquote der Hosen-Torschützen allerdings gegen Null ging, versuchte man am späten Abend auf bekannteres Terrain umzusiedeln und veranstaltete im Tor 3 ein Konzert. Aber auch dort hatten die Finnen mehr vom Spiel. Die Leningrad Cowboys gaben einen Gig, die Hosen tranken an der Theke, so war es abgesprochen. Und ich raffte bei der Gelegenheit zum ersten Mal, was ein Zwei-Linien-Paß ist: der verbotene Schluck von 0,4 auf 0,1, ohne zuzuprosten.

Ich habe die Hosen auch schon mal nackt gesehen – von oben bis unten nur in Schlamm gehüllt, bei ihrem Videoshooting zu »Nichts bleibt für die Ewigkeit«. Dieser ziemlich aufwendige Dreh lief in einer riesigen Lagerhalle in einem Vorort von Amsterdam. Die komplette Band war nur mit Lendenschürzchen bekleidet, und jedem klebte so etwas ähnliches wie Kuhscheiße am Rücken. Sah jedenfalls so aus. Und weil es draußen nicht über vier Grad warm wurde und die Jungs vom Vorabend abgedichteter als die Hallentüren waren, machte ihnen das Ganze nur bedingt Spaß. Die Szene, in der

Campino an einen Baum geschnallt nach vorne pendelt, mußte kopfüber aufgenommen werden, um der Schwerkraft ein Schnippchen zu schlagen. Dafür hat der Prediger fast eine Stunde an den Füßen hängen müssen, hinterher konnte er vor Kopfschmerzen kaum noch gehen.

Und wo wir gerade dabei sind – es gab natürlich auch für mich nicht nur angenehme Geschichten mit den Toten Hosen. Da war 1997 die Sache mit dem tausendsten Konzert. Ich muß keinem Fan erzählen, daß an diesem 28. Juni eigentlich alles perfekt war. Die Jungs hatten sich seit ihrem traditionellen Weihnachtskonzert im Vorjahr nicht mehr auf deutschen Bühnen blicken lassen. Jeder war also heiß, und das Wetter auch. 60.000 Hosen-Anhänger wollten sich einen netten Abend machen, und für die Band sollte das Jubiläum einer der schönsten Momente ihrer Karriere werden. Es wurde ihr schrecklichster. Ich stand noch Tage später unter Schock.

Alles hatte so gut angefangen. Trotz des ganzen Medienrummels, den man nur noch hätte steigern können, wenn Berti Vogts endlich seinen Hut genommen hätte, konnte ich für VIVA noch vor dem Konzert ein Interview mit Andi und Campi bekommen. Und die Jungs waren erstaunlich relaxt. Sie plauderten über die Schwierigkeit, welche Stücke man an so einem Tag auf die Setlist setzen solle, und über ihr erstes Konzert in Bremen vor sechzehn Jahren, wo sie versehentlich als die Toten Hasen angekündigt worden waren. Kuddel knackte neben der obligatorischen Tischtennisplatte, an der Wölli und Breiti sich die Bälle um die Ohren pfefferten. Jeder fieberte dem Großereignis auf seine Weise entgegen. Als die Jubilare dann zur Überraschung aller ihre eigene Vorband waren und sich in Mexicano-Kostümen als die Roten Rosen ansagen ließen, glaubte jeder, daß dieser Abend eigentlich gar nicht mehr in die Hose gehen könne. Ich stand bei »Im Wagen vor mir« vorne im Graben und dachte an die Zeit zurück, als ich zu diesem Lied die erste Solofahrt ohne meinen Zigarillos qualmenden Fahrlehrer zurückgelegt habe. In einem alten Peugeot 104 war ich über die Hügel Ostwestfalens zum ... genau, Hosen-Gig geknattert.

Um Punkt 21 Uhr sprangen die ehemaligen Mexicanos, jetzt als Düsseldorfer zu erkennen, auf die Bühne – und wischten mit »Hier kommt Alex« endgültig jede Vermutung vom Tisch, daß an diesem Abend Zeit für B-Seiten wäre. Der Rest ist bekannt: Ein Mädchen starb in der Hitze und dem Getümmel vor der Bühne. Die Band versuchte, das Konzert noch anständig über die Bühne zu kriegen, aber ich sah sofort, wie schwer ihnen das fiel. Die Aftershow-Party wurde abgesagt, und ich hing noch bis 3 Uhr im Stadion rum und wußte überhaupt nicht, wie ich mit dieser Katastrophe umgehen sollte. Was konnte ich tun? In einem Brief schreiben, wie leid mir alles tat? Der war schon ausformuliert, aber ich hielt es dann doch für besser, sie einfach in Ruhe zu lassen. Obwohl ich Schiß hatte, daß es vorbei sein könnte mit der Band.

Jetzt bin ich saufroh, daß die Hosen wieder da sind. Ich gebe zu, seit einiger Zeit poge ich mir nicht mehr bei jedem Konzert der Toten Hosen die Seele aus dem Leib und verliere beim »Rolli-Diven« auch nicht mehr meine Brille. Der gestrickte Campino-Pulli ist inzwischen im Müll gelandet, weil er von Motten zerfressen wurde. Für mich wäre das noch kein Grund gewesen, ihn zu entsorgen, aber meine Freundin hielt die hungrigen Wollmonster für nicht haustiertauglich und versenkte das Mutterschiff der Brut. Als ich Wochen später erfuhr, daß mein Lieblingspullover irgendwo auf einer Müllhalde rumvegetierte, stellte ich kurzzeitig die Beziehung in Frage.

Aber Pulli hin oder her – es ist immer noch ein Kribbeln da, wenn ich die Jungs treffe. Ganz cool mit Campino ein Bier zu trinken fiel mir anfangs schwer, denn die Hosen waren einfach zu lange meine Idole. Manchmal denke ich immer noch: Ist das nicht der Schreihals von deinen Lieblingsplatten, der da neben dir steht? Wenn uns jetzt Church sehen könnte . . .

Campinos Wort zum Sonntag

Es stimmt, Matthias, als Du uns das erste Mal mit den anderen VIVA-Leuten besucht hast, hatten wir große Bedenken. Wir fragten uns: »Sieht so ein Kassenwart bei der jungen Union aus? Warum hat er den Pullover an? Will der sich einschleimen?«

Du darfst nicht vergessen, Du kamst als einer von denen! Presse, Funk und Fernsehen ... da ist man doppelt vorsichtig, denn vorgetäuschte Freundlichkeit ist »deren« schärfste Waffe. Ich denke, wir haben unsere Vorurteile Dir gegenüber recht schnell abgebaut. Du bist uns immer ein gerngesehener Gast. Auch ohne Heike Makatsch! Wir haben Dich sogar viel, viel lieber als sie. Ehrlich! Also Jung, was ist? Komm auf ein Bier vorbei, werf die Sorgen über Bord und dreh mal wieder in der ersten Reihe durch. Die Kosten für die nächste Brille (Kassenmodell) übernehmen wir!

Gruß aus Düsseldorf

Fuck Chirac

Überlebenstrip zum Mururoa-Atoll

Und schon wieder ein Sekt. Es war bereits der vierte. Ich war schon leicht angeknockt, reckte mich in meinem Liegesessel und sah die Häuser an mir vorbeifliegen. Wo war ich gerade? Sydney? Ach ja. Ich war auf dem Weg in die Südsee, zum Mururoa-Atoll. Den Sekt bekam man nach jeder Zwischenlandung, und die Liegesessel sind eben Standard in der ersten Klasse. Damit wir uns richtig verstehen: Ich reiste zum ersten Mal so. Die Airline hatte die erste Klasse klargemacht, obwohl ich eigentlich hinten in der Hämorrhoiden-Abteilung hätte Platz nehmen müssen. Aber ich war in politischer Mission unterwegs.

Vor zwei Wochen hatte mich der VIVA-Programmdirektor zu sich geholt und mich gebeten, meinen Urlaub zu verschieben. »Hat der sie nicht mehr alle?« war mir sofort durch den Kopf geschossen ... Ich hatte schon fest gebucht, ein dreiviertel Jahr Nonstop-Arbeit in den Knochen – und außerdem hätte ich mir dann wahrscheinlich eine neue Freundin suchen müssen. Die Faust war in der Tasche schon geballt: »Nicht mit mir«, doch über die Lippen war nur ein feiges »Wieso?« gekommen.

»Na ja, Urlaub in der Südsee wäre doch auch nicht schlecht«, wurde mir süffisant-wienerisch entgegengemurmelt, und dann hat Kreissl mir die komplette Geschichte aufgetischt.

VIVA wollte endlich politisch Flagge zeigen. Die Sache mit der ausgedienten Shell-Bohrinsel Brent Spar in Norwegen war noch nicht allzu lange her, doch man hatte leider verpennt, jugendgerecht darüber zu berichten. Und da unser Oberchef Dieter Gorny bekanntlich beste Kontakte zur Politik pflegt, war schnell geklärt, daß sich auch unser Musikkanal an der internationalen Friedensflotte zum Mururoa-Atoll beteiligen würde.

»Du bist der Richtige dafür. Du arbeitest als Moderator und Redakteur und bist bei den *News*.«

Seine Honig-um-den-Bart-Nummer hätte er sich sparen können. Natürlich war ich dabei, wenn es darum ging, die bescheuerten Atomtests der Franzosen zu verhindern. Meine Freundin versicherte mir auch, daß ich trotz dieses Vorhabens nicht zum großen Stamm der Singles übersiedeln müßte. So wurde die nette Reise nach Portugal abgesagt, und ich tauschte den Algarve-Führer gegen das *Geo Special Südsee*.

Sonntag, 20. August 1995

Jetzt saß ich also in der Maschine mit Ziel Avarua, der Hauptstadt der Cookinseln auf Rarotonga. Ich kam mir inzwischen vor wie die Drei-Wetter-Taft-Vielfliegerin, nach all den Zwischenstops in Bangkok, Singapur, Sydney und Auckland. Vergessen war der Tag, an dem ich beim Italiener in Köln über der Schüssel gehangen hatte, weil mir kurz vor dem Flug die Anspannung wohl doch zu schaffen machte. Ich hatte schon über zwanzig Stunden in dieser Boeing 747 und den riesigen Duty-Free-Shops der Asien-Metropolen verbracht, die dortige Suche nach günstigen Hi-Fi-Geräten, das Staunen über soviel Luxus und die knöcheltiefen Teppiche auf den Flughäfen hielten mich wach und vertrieben mir die Zeit. Irgendwann entdeckte ich dann ein kleines Fleckchen unter mir, eingeschlossen von nicht enden wollenden Wassermassen. Von oben sah Rarotonga eher aus wie eine Amöbe im Heuaufguß unter dem Mikroskop. Doch der Kapitän brachte den großen Vogel auf der gerade mal 4.000 Einwohner starken Insel locker runter, auch wenn er die Landebahn bis zum letzten Zentimeter ausnutzen mußte.

Im Flughafengebäude – oder sollte ich besser sagen: unter den Palmendächern, denn von Wänden, Türen und sonstigen Abtrennungen hatte man großzügig abgesehen – fiel meine Stimmung ziemlich schnell auf den Nullpunkt. Nichts gegen ein traditionelles

Begrüßungsritual, aber eine schlecht aufspielende Südsee-Combo und streng riechende Blumenkränze um den Hals mußten mit zwölf Stunden Zeitunterschied in den Knochen nicht mehr sein. Außerdem dauerte es noch gut zwei Stunden, bis ich endlich meinen erstaunlich verbeulten Koffer in Empfang nehmen durfte. Nachts um 1 Uhr war es hier immer noch schlanke 28 Grad warm, bei einer Luftfeuchtigkeit von circa achtzig Prozent – und es regnete in Strömen. Haben wir uns die Südsee nicht immer so vorgestellt? Meine Laune wurde erst erträglicher, als ich meiner Truppe in die Hände fiel.

Da war zunächst Michael, mein Produzent vor Ort, der parallel an einem Dokumentarfilm zum Thema Friedensflotte arbeitete. Ein alter 68er, der vor fünfzehn Jahren selbst Moderator war und quasi die erste Personality-Show des deutschen Fernsehens erfunden hat. Außerdem hat er die ersten Videos der Toten Hosen gedreht, was ihn für mich schwer sympathisch machte. Ich wußte vom ersten Augenblick an, daß ich mit ihm klarkommen würde. Bei seinem Kameramann Uwe, der auch in der Nähe von Köln wohnte, fiel meine Einschätzung ähnlich positiv aus. Susanne hatte den ganzen Trip organisiert und die Sponsoren gewonnen: den Erfolgsproduzenten Bernd Eichinger und die Öko-Designerin Britta Steilmann (die mich übrigens einen Tag vor der Reise persönlich anrief, um mir viel Glück zu wünschen). Susanne sollte die Rolle des Mädchen für alles besetzen, und ich merkte relativ schnell, daß mit ihr das Zusammenleben schwieriger werden würde. Dann war da noch Peter, Susannes rechte Hand. Ein Segelfreak vor dem Herrn, der ungefähr soviel redete wie Berti Vogts nach einem 0:0 gegen die Auswahl von Sri Lanka. Und Irene, die 50jährige Spitzenkandidatin der Grünen in Schleswig-Holstein, die in der Nacht sofort das Abendbrot zubereitete und den Job der Hausfrau bis zum Ende der Reise nicht mehr los wurde. Außerdem war die *Spiegel*-Redakteurin Michaela mit dabei, eine Karriere-Journalistin, wie sie im Buche steht. Immer auf der Suche nach einer Geschichte oder, noch besser, einem Skandal. Mit diesen sechs Leuten würde ich also den nächsten Monat verbringen, auf einem kleinen Schiff in Richtung Mururoa-Atoll. Okay, ich war bereit.

Dienstag, 22. August 1995

Nein, der Tag zwischendrin war nicht so langweilig, daß ich ihn unter den Tisch fallen lassen möchte. Er ist im Flieger auf der Strecke geblieben, in Kombination mit dem Zeitunterschied verschütt gegangen. Es war der erste Tag für mich auf Rarotonga. Ich schlug die Augen auf und hatte diesen berühmten Flash von ein paar Sekunden, in denen man erst mal registrieren muß, wo man überhaupt ist. Uwe lag neben mir. Daß ich seine Anwesenheit in unserem Doppelbett nachts nicht bemerkt hatte, machte ihn zu einem angenehmen Zimmerkollegen. Wir wohnten in einer Appartementanlage namens Wild Palms Group, und jeder teilte sich mit einem Mitglied der Reisetruppe eine recht geräumige und ordentlich eingerichtete Holzhütte. In der Mitte der Unterkünfte lag ein Pool, in dem Michi schon planschte (nackt, versteht sich – ich sag' ja, 68er). Irene war schon eifrig bei der Frühstückszubereitung. Mit der Perfektion, die sie so schnell darin entwickelt hatte, konnten wir anderen es einfach nicht aufnehmen. Uwe und Michaela schliefen noch, sie waren zusammen mit mir angekommen und hatten am Jetlag zu knabbern.

Ich kramte mein »Fuck Chirac«-T-Shirt aus dem Koffer. Der Sänger von Fury in the Slaughterhouse, Kai Wingenfelder, hatte es mir einen Tag vor meiner Abreise auf der VIVA-*Comet*-Party mit den Worten »Verpaß den Franzmännern da unten ein paar Ohrfeigen!« in die Hand gedrückt. Als ich mich ein bißchen in meinem Feriendomizil umsah, traf ich den Besitzer unserer Anlage, einen älteren Neuseeländer mit sonnengegerbter Haut, der sich zusammen mit seiner Frau dieses Anwesen als Alterssitz gönnte. Keine zehn Sekunden später machte er mir klar, was er von meinem T-Shirt hielt: Die Wortwahl rutschte ihm zu sehr ins Primitive ab. Er würde es begrüßen, meinte er schließlich, wenn ich in der Ferienanlage von meinen übrigen Kleidungsstücken Gebrauch machen würde. Ich war etwas irritiert. Das lag zum einen sicher an der extremen Zeitverschiebung, zum anderen auch an seinem schwer verständlichen Akzent, aber vor allem am Inhalt seiner Bitte.

»Hör mal, Alter, ich setze mich für fast 24 Stunden ins Flugzeug, werde mit einem kleinen Segelboot in die Zwölfmeilenzone fahren, stopfe mir kiloweise Jodtabletten gegen die mögliche radioaktive Strahlung in den Kopf, riskiere es, genetisch versaut und von den Franzosen hops genommen zu werden. Und das, wo ich von den Tests hier unten locker 100.000 Kilometer entfernt wohne. Da kommst du mir mit einem zu primitiven T-Shirt-Aufdruck?«

Mir lagen diese Worte auf der Zunge, aber ich schluckte sie runter, denn eine gute Beziehung zum Hotelier hat immer was für sich.

Das Frühstück war fertig, und so langsam lernten wir uns alle besser kennen. Die Stimmung näherte sich der traumhaften Südsee-Umgebung an, als plötzlich Susanne ihrer grazilen Haltung noch etwas mehr Gewicht verlieh, indem sie sich so aufrecht hinsetzte, als wolle sie mit ihrem Dutt an die Apfelsinenbäume über uns reichen. Sie sagte stockend:

»Unser Segelschiff hat einen Mastbruch erlitten, zwischen Australien und Neuseeland. Ich habe gerade mit dem Kapitän telefoniert, sie sind schon wieder auf dem Rückweg und werden die Cookinseln nicht mehr erreichen.«

Schade für Irene. Ihr so liebevoll angerichtetes Frühstück wurde von dieser Sekunde an ignoriert, denn wir hatten alle noch mit dem Bissen zu kämpfen, der gerade die Speiseröhre runter wollte. Das hieß mit anderen Worten: Hier saßen sieben Leute fest, die vor Monaten ein Boot für mehrere hunderttausend Mark gechartert hatten, um sich zum Mururoa-Atoll aufzumachen. Unter uns waren nicht nur private Protestler, sondern auch Leute, die dieses Unterfangen aus beruflichen Gründen auf sich genommen hatten. Michaela fiel die Kinnlade runter, und Wut stieg in ihr hoch. Sie beschuldigte Susanne, uns nicht früher unterrichtet zu haben, da der Unfall ja sicher schon vor einiger Zeit passiert sei – schließlich habe man am nächsten Tag planmäßig von Rarotonga ablegen wollen. Und wenn der Mastbruch zwischen Australien und Neuseeland geschehen sei, wie könne man dann 60 Seemeilen innerhalb eines Tages zurücklegen? Stille am Tisch. So sind eben *Spiegel*-Redakteure. Trotz Jetlags und Schlafdefizits decken sie mal kurz eine kleine, aber nicht unerhebliche Informationslücke auf.

Susanne fuhr Michaela an, sie solle gefälligst keine schlechte Stimmung machen, wir seien alle gleich betroffen. Es gehe jetzt darum, eine vernünftige Lösung zu finden. Die Journalistin wiederum warf unserer Organisatorin vor, den Mastbruch nicht früh genug an den *Spiegel* gemeldet zu haben. Da Susanne ja schon seit knapp einer Woche vor Ort gewesen sei, wäre das sicher möglich gewesen. Man hätte Michaela dann von Hamburg aus auf ein anderes Schiff verfrachten können.

»Aber die Kohle und das Prestige vom *Spiegel* wolltest du sicher noch einstreichen«, schrie sie Susanne an.

Zack, das hatte gesessen. Damit waren die Fronten geklärt, hier war sicherlich keine Brieffreundschaft auf Lebenszeit mehr zu erwarten. Der Rest des Tages wurde mit der Suche nach einem geeigneten Ersatzschiff verbracht. Ich mußte VIVA informieren, daß sich mein Zeitplan erheblich verschieben würde. Im Haus des Appartement-Besitzers konnten wir zum Glück unsere geschäftlichen Telefonate führen. Und ich vergaß auch nicht den dafür notwendigen T-Shirt-Wechsel.

Mittwoch, 23. August 1995

Immer noch nichts. Sämtliche Segelschiffe, die robust genug waren, um auf das größte Meer der Welt rauszuschippern, waren schon vor Wochen gechartert worden. Man konnte jetzt im Südpazifik alles bekommen, nur keine Boote. Die Friedensflotte hatte so ziemlich jeden politisch interessierten Menschen im Umkreis von mehreren tausend Kilometern mobilisiert. Ganz Neuseeland und Australien war, wenn nicht mit einem Boot, so zumindest mit dem Herzen dabei. Auf der Insel wurden wir von den Einheimischen wie die Rächer der Enterbten gefeiert, und mein T-Shirt kam außerhalb unserer Unterkunft verdammt gut an. Jeder aus unserem Team versuchte nun auf seine Weise, mit der unbefriedigenden Situation zurechtzukommen. Susanne telefonierte sich, genau wie Michaela, einen Wolf, um Überfahrtplätze zu organisieren. Wobei im Fall der *Spiegel*-Redakteurin die Singular-Formulierung von Bedeutung war – sie interessierte sich für die Gruppe herzlich wenig. Bei Irene sah das anders aus, sie bemühte sich als Mutter der Truppe um unser aller Wohlergehen. Das war im Ansatz wirklich nett, ging einem aber auch schnell auf den Nerv. Michi, Uwe und ich zogen über die Insel und nahmen fleißig Moderationen auf. Ich hätte eigentlich ja nur 24 Stunden Zeit gehabt, einen umfangreichen Vorbericht über Rarotonga zu drehen, aber jetzt konnten wir ganz entspannt recherchieren.

Peter hatte derweil heimlich seine Kugel eingelocht. Er hatte seine Segel-Connections spielen lassen und einen Skipper aufgetan, der tatsächlich noch einen Kahn sein eigen nannte. »Ganz schön frech«, ging mir durch den Kopf. Als Mitorganisator verdrückt er sich als erster und läßt die zahlenden Kunden zurück. Aber es war mir im Grunde genommen egal. Er war eh derjenige, der stimmungstechnisch am überflüssigsten war, und mit einer Person weniger stiegen auch ein bißchen unsere Chancen, Plätze für die komplette Crew zu ergattern. Ihr merkt, ich entwickelte so langsam kannibalistische Gedanken. Aber ich war auch der Angeschmierte! Ohne Kamera- und Ton-Mann konnte ich herzlich wenig ausrichten, deshalb waren Uwe, Michi und ich unzertrennlich (was sich aber nicht nur auf die Arbeit bezog).

Am Nachmittag rannte Susanne wie aufgescheucht zum Hafen. Ich drehte gerade ein Interview mit einem australischen Schiffskapitän, der sich trotz seines reifen Alters von den Franzosen nicht einschüchtern ließ und ihnen mächtig den Kampf ansagte. Er machte mit seiner Crew gerade einen Stop auf Rarotonga, um Frischwasser und Lebensmittel aufzufüllen. Meine Güte, sahen die Jungs schon fertig aus! Dabei hatten sie gerade mal die Hälfte der Strecke hinter sich gebracht. In meinem Gedächtnis tauchten die vielen »Schönen Urlaub in der Südsee«-Wünsche aus dem Sender auf ... Und plötzlich hatten wir ein Schiff. Susanne hatte einen Fidschi-Frachter aufgetan, der in etwa drei Tagen hier sein würde. Die Besatzung bestehe aus Einheimischen, die sich an den Protesten beteiligen wollten, meldete sie, und daß noch Plätze frei wären. Michi, Uwe und ich guckten uns kurz an und sagten zu. Was sollten wir auch sonst machen? Die vergangenen 24 Stunden hatten gezeigt, daß man entweder seine eigene Jacht aus Monaco einfliegen lassen könnte – oder aber weiter auf der Insel hocken bleiben müßte. Das waren die Alternativen. Auch Michaela war dabei, Irene sowieso. Nur Peter blieb bei seinem Alleingang.

Donnerstag, 24. August 1995

Die Stimmung war heute relaxter als an den beiden vorigen Tagen. Logisch, denn unsere Situation hatte sich stabilisiert. Und jeder fieberte dem Mittag entgegen. Dann nämlich sollte Heidemarie Wieczorek-Zeul, die Vizechefin der SPD, auf Rarotonga eintreffen. Sie war die einzige führende deutsche Politikerin, die sich an den Protestaktionen beteiligen wollte. Die rote Heidi kam nicht alleine, sie hatte einen gewissen Reinhard Schulz im Schlepptau, ebenfalls SPD. Keiner kannte ihn, war wohl eher ein Hinterbänkler. Selbst Michaela mußte recherchieren, um zu dem Scharpingbart-Träger noch einige Informationen zu kriegen. Aber er trug ein Satelliten-Telefon mit sich rum, was ihn zu einem der mächtigsten Männer der Insel werden ließ. Zwei Mitglieder des Neuen Forums rundeten den ersten deutschen Staatsbesuch auf den Cookinseln ab. Sofort wurde ein Meeting einberufen, und plötzlich krochen sie alle aus ihren Löchern, die wichtigen Journalisten.

Man traf sich in lockerer Runde am Hafen von Avarua zu neuseeländischem Bier und selbstgemachten Hamburgern. Zugegeben, ich bin ein McDonalds-Sympathisant, aber diese Fleischbrötchen waren auch von der Kommerzkette nicht zu schlagen. Von Heidi erfuhren wir eher wenig. Nur, daß ihr Flug lange gedauert hat. Ach so, und sie hatte noch kein Boot. Na, dann mal los, schrien wir ihr gleich entgegen. Die vier deutschen Parlamentarier hatten zwar eine Anzahlung von über 2.000 Mark für die Mitfahrt bei »Ship The Planet« überwiesen, doch das Schiff, das von australischen Abgeordneten für rund 150 ausländische Gesinnungsfreunde gechartert worden war, hatte sich als Seelenverkäufer erwiesen – die Schiffahrtsbehörde mußte dem Kahn die lange Fahrt nach Französisch-Polynesien untersagen.

Nach unserem Einwurf, daß in zwei Tagen ein rettender Fidschi-Dampfer mit genügend freien Plätzen am Horizont auftauchen würde, verzogen sich die Sorgenfalten aus Heidis Gesicht. Das ließ ihre europäische Blässe gut zur Geltung kommen, die übrigens von ihrem mintgrünen Pulli, den sie während ihres Südsee-Aufenthaltes kaum gegen ein anderes Kleidungsstück austauschte, noch verstärkt wurde. Braun werden wolle sie hier nicht, ließ sie verlauten, sonst würde auch noch jemand sagen, sie hätte hier einen tollen Urlaub gemacht. Tröste dich, Heidi, das hatten wir wohl alle schon zu hören bekommen.

Freitag, 25. August 1995

Eigentlich kein besonderer Tag im Südseeparadies, hätte nicht vor genau 25 Jahren eine junge Frau nach zwei Mädchen noch einen kleinen Nachzügler in die Umlaufbahn geschickt. Damals lief mein Vater jubelnd durch den Garten – so, als hätte sein geliebter Club Rot-Weiß Oberhausen in der Bundesliga endlich mal wieder zwei Punkte eingefahren. Diesmal bewunderte er aber nicht den Torinstinkt von Kalli Feldkamp, sondern das Geschrei seines ersten Sohnes. Ich feierte also auf Rarotonga Geburtstag. Da es zwei Sorten von Menschen gibt – nämlich solche, die ihren Jubeltag schon Wochen vorher penetrant ankündigen, und andere, die ganz einfach die Klappe halten – und ich zu der zweiten Sorte zähle, war mir klar, daß ich diese 24 Stunden nicht unbedingt spektakulär verbringen würde. Doch schon am Frühstückstisch wurde mir eiskalt ein Strich durch die Rechnung gemacht. Die Crew wußte Bescheid. Mir war es gestern schon etwas komisch vorgekommen, als Elmar, mein VIVA-Ansprechpartner in Köln, nach unserem täglichen Routine-Telefonat noch Susanne sprechen wollte. Da hatte er ihr wohl gesteckt, daß Matti am 25. seinen Ehrentag hat. Und so albern es klingt, ich war echt gerührt.

Ich bekam eine grottenhäßliche Spieluhr in Form einer Südseeinsel geschenkt, die nicht nur durch ihr fieses Äußeres für Aufmerksamkeit sorgte, sondern auch mit ihrer Melodie schon nach kurzer Zeit mächtig nervte. Aber ich fand sie toll. Damit hatte man meinen Sinn für kitschige Präsente genau getroffen. Bis heute weiß ich allerdings nicht, ob die Gratulanten diese Ausgeburt der Geschmacklosigkeit ernsthaft hübsch fanden. Mit der Spieluhr war noch nicht alles ausgepackt. Auf dem Gabentisch verbarg sich in einem Berg von Papier eine kleine geschnitzte Holzstatue des polynesischen Tangaroas, Gott der Fruchtbarkeit. Seine Funktion wurde auch jedem Atheisten ziemlich schnell klar, denn er bestach, neben seinem dicken Kopf, vor allem durch sein ungeheuer ausgeprägtes Geschlechtsteil. Und weil auch schon etwas ältere Damen am Tisch saßen, war diese Körperpartie mit einem eigens angefertigten Lendenschurz überklebt worden. Ich befreite den Gott von seinem unsexy Outfit, stellte ihn in seiner vollen Schönheit neben mein Frühstücksei und bedankte mich artig bei jedem für die schöne Überraschung. Ich war richtig gut gelaunt. Am späten Nachmittag trudelten dann auch noch einige Faxe für mich ein. Meine Freundin schickte mir liebe Geburtstagsgrüße, ein Exkollege vom Radio, einige VIVA-Mitarbeiter und meine Eltern. Man hatte ziemlich doll an mich gedacht, und ich war richtig froh, diesen Tag nicht mit blutig geschlagenem Gesicht in der Zwölfmeilenzone vor Mururoa verbringen zu müssen.

Samstag, 26. August 1995

Hieß das gestrige Motto noch »Piep, piep, piep, wir ham uns alle lieb«, so stand heute die »Ihr kotzt mich alle an«-Strophe auf dem Stundenplan. Der Fidschi-Frachter, der uns aus der quälenden Warteschleife befreien sollte, kam gegen die stürmische See nur langsam voran und brauchte zwei Tage länger bis zur Ankunft auf Rarotonga. Das war nicht gut für die allgemeine Stimmungslage. Vielleicht ist es nur schwer zu begreifen, daß krächzende Papageien, türkisblaue Lagunen und 27 Grad im Schatten kein permanentes Lächeln hervorrufen, aber es war so. Wir hingen auf dieser verdammten Insel schon seit fünf Tagen fest, und es sollten noch mindestens zwei dazukommen. Wir waren nicht hier, um uns in die Sonne zu legen, sondern um Chirac einen vor den Latz zu knallen. Und so allmählich fingen wir damit an, uns gegenseitig anzugiften.

Uwe, Michi und ich drehten und drehten und drehten, wir hatten schon Material für einen 1A-Touristik-Film über die Cookinseln im Kasten. Irene wurschtelte in der Küche rum, Susanne tippte auf ihrem Laptop wichtige Tagesdispos, die sofort in die Tonne wanderten ... nur Michaela steckte ihren Frust in intensive Recherche. Aber nicht etwa über SPD-Hinterbänkler auf Protestreise oder Aufstände auf Tahiti. Nein, sie interessierte sich für Susanne und ihre eigentlichen Verbindungen. Ihr kam es seltsam vor, daß wir angeblich die ganze Zeit schon in Geldnöten steckten. Als Michaela gebeten wurde, doch mal das Mittagessen im Restaurant auszulegen, war ihr Maß voll. Sie wollte von Susanne eine komplette Auflistung der Ausgaben. Wo waren die mehreren 10.000 Mark vom *Spiegel* und von VIVA hingeflossen, wenn wir schon nach fünf Tagen knapp bei Kasse waren? Die Ausrede, daß niemand mit einer solchen Verzögerung hatte rechnen können, beruhigte Michaela keineswegs. Das defekte Segelschiff war versichert, warum also kam Susanne nicht an Bares? Das war die Frage.

Da meine Position in dieser Truppe im Mittelfeld lag und ich zu den zerstrittenen Mannschaftsteilen in Abwehr und Angriff einen gleich guten Draht hatte, konnte ich mir noch aussuchen, ob ich offensiv oder defensiv spielen sollte. Noch waren wir ein Team, aber nach diesem Kampf am Mittagstisch war die Aufstellung klar: Susanne als Abwehrturm im Tor, Irene, die Verfechterin der Solidarität, als Libero, Michi im defensiven Mittelfeld und ich davor, hinter der einzigen Spitze Michaela. Uwe war der Spielmacher, den sowieso alle liebhatten. Letztlich schlug ich mich auf Michaelas Seite, aber bei so guter Kondition, daß ein Aushelfen in der Abwehr immer mal wieder möglich war.

Ich saß abends noch lange mit Michaela auf der Veranda der inzwischen anödenden Wild Palms-Anlage, und es waren nicht nur die Zigaretten, die bei uns qualmten. Wir waren uns einig: Hier war was faul. Michaela unterstellte Susanne, mit den lokalen Schiffsmaklern zusammenzuarbeiten. Plötzlich waren nämlich noch Segelboote aufgetaucht, die sehr rasch an zahlungskräftige deutsche Kunden aus dem Medienbereich vertickt wurden. Boote, von denen Susanne schon gesprochen hatte, die für uns aber angeblich nie zur Debatte standen.

»Die macht hier ganz fett Kohle mit Provisionen«, flüsterte mir Michaela zu. Sie wollte Hamburg mit der Geschichte füttern, die sollten da mal am Ball bleiben.

Sonntag, 27. August 1995

So langsam wurde es eng auf der Insel. Bis die geplanten Atomtests vor Mururoa stattfinden sollten, waren es nur noch wenige Tage, Chirac hatte sie für Anfang September angekündigt. Alle Journalisten, Protestler und Politiker, die sich ein schnelles Boot organisiert hatten, kamen spätestens jetzt nach Rarotonga. Manche flogen auch noch aus Papeete ein, wo die Greenpeace-Flotte inzwischen abgelegt hatte. SAT 1 hatte gleich mehrere Redaktionen hergeschickt. Lokale Radiostationen aus NRW und Berlin waren vor Ort, der *Stern*, der *Express*, *Die Woche* und sogar (und das fand ich besonders sympathisch) Rolf und Farid von der Rave-Kapelle RMB. Nicht, um damit gute PR einzufahren – denn dafür waren sie noch viel zu unbekannt –, sondern einfach, um zu protestieren.

An diesem Abend fand ein Mediendinner statt, das der Bürgermeister von Rarotonga organisiert hatte. Der Redakteur von der *Woche* scharwenzelte ständig um Michaela rum. Er war wohl entweder scharf auf einen Job beim *Spiegel* oder auf taffe Frauen, denen er sowieso nicht das Wasser reichen konnte ... Ich werde, wie ihr merkt, ein bißchen ungehalten, weil der Typ mich später übelst in seinem Artikel über die Medienvertreter in der Südsee verrissen hat. Was denn ein Musikkanal dort unten sollte, fragte er sich, und überhaupt wären ja alle Reporter nur angereist, um braun zu werden. Ach ja? Und wer hat sich noch schnell eine Badehose vom SAT 1-Kameramann ausgeliehen, um in die Fluten springen zu können, lieber Marc? Die restlichen Medienfritzen waren ganz vertretbar. Besonders gut gefiel mir der Schreiberling vom *Express*, der erstens keinen Brocken Englisch konnte, zweitens schon seekrank wurde, als das Boot im Hafenbecken nur wendete, und drittens eine solch extreme Pigmentierung hatte, daß er jetzt, drei Jahre später, sicher immer noch kein Sonnenstudio von innen sehen darf.

Bleibt noch zu erwähnen, daß an diesem Tag auch Peter in Richtung Mururoa aufgebrochen war. Aber wir hatten ihn eh schon tagelang nicht mehr gesehen. Er hatte sich geschickt verdrückt, denn Michaelas Nachforschungen waren ihm zu heiß geworden. Verständlich, wie sich später herausstellen sollte. Am Nachmittag legte er zusammen mit seinem Skipper im Hafen von Avarua ab.

Das Bötchen sah für meinen Geschmack nicht sehr vertrauenerweckend aus, aber er hatte schließlich noch einen lukrativen Nebenjob an der Hochseeangel. Peter berichtete exklusiv für die Zeitschrift *Segeln* über die Friedensflotte. Und da wäre es ja etwas schlecht gekommen, wenn er sich feist in einen Frachter gepflanzt hätte.

Montag, 28. August 1995

Aus meinem kurzen Vorbericht über den Protest der Einwohner von Rarotonga, der per Flugzeugkurier zu VIVA geschickt werden sollte, waren jetzt insgesamt vier Beiträge geworden. Ich hatte so ziemlich jeden interviewt, der mir was ins Mikro sprechen wollte, und alle T-Shirts abgefilmt, die man an der Straße kaufen konnte. Deren Aufdrucke variierten zwischen »Nuclear Free Pacific« und »Ban The Bomb«. »Fuck Chirac« gab es dagegen auf der Insel nur einmal, und der Spruch war so begehrt, daß sich die örtliche T-Shirt-Factory eine Schablone davon anfertigen wollte. Uwe hatte inzwischen sogar seine Unterwasserkamera startklar gemacht, denn hier gab es noch Korallenriffe, die vor Mururoa schon komplett in Schutt und Asche gebombt worden waren.

Ich glaube, wir machten ganz gute Arbeit, und ich hätte mich auch über ein kleines Lob aus Köln gefreut. Doch über Telefon wurde ich heute angeraunzt, daß ich nur einen kurzen Beitrag hätte abliefern sollen. Wohin jetzt mit dem ganzen Zeug? Das war mir doch egal! Ich hatte mir hier einen Wolf gedreht und die einwöchige Quarantäne genutzt, um soviel wie möglich im Kasten zu haben. Denn ob die geplanten Satelliten-Uplinks von einem Wasserflugzeug in der Nähe der Zwölfmeilenzone klappen würden, kam mir damals schon fraglich vor. Aber egal – sendet ruhig lieber noch ein paar Clips von Mr. President oder Fun Factory, raunzte ich zurück, anstatt zu zeigen, daß die Menschen hier unten ihren Lebensraum um die Ohren gebombt bekommen. Ich war stinksauer und frustriert. Gerne hätte ich zumindest ein paar aufmunternde Worte aus dem Sender gehört. Die bekam ich aber nur von meiner Freundin und meinen Eltern, die in dieser Woche wahrscheinlich schon die erste Etage ihres Hauses vertelefoniert hatten. Letztlich sind aber doch fast alle Vorberichte über den Äther gegangen – und ich denke, auch Mr. President hatten nix dagegen.

Dienstag, 29. August 1995

Der große Tag war gekommen. Nach einer Woche Warterei sollten wir heute endlich diese Insel verlassen und in Richtung Mururoa-Atoll aufbrechen. Das Schiff aus Fidschi würde gegen Mittag im Hafen einlaufen, und ein paar Stunden später sollte es für uns Landratten ernst werden. Michi und Uwe waren die ersten, die den rettenden Kahn zu Gesicht bekamen. Sie hatten stundenlang mit der Kamera im Anschlag am Kai gestanden, um für ihren Dokumentarstreifen die Ankunft des Bootes zu filmen. Als die Szene im Kasten war, schwangen sie sich aufs Fahrrad, fuhren zum Wild Palms-Basislager und informierten uns. Wir waren gerade beim Packen, machten uns aber sofort auf zum Hafen. Wie sah es wohl aus, das Schiff, das für über 25 Menschen auf Rarotonga die letzte Chance war, noch gerade rechtzeitig zum Brennpunkt des Geschehens zu gelangen? Hoffentlich wäre es schnell genug und einigermaßen gut erhalten. Als ich von weitem einen verrosteten Frachter im Hafenbecken sah, hatte ich noch die vage Hoffnung, unser Schiff könnte genau dahinter liegen. Als ich aber einen Bogen lief, um diese Möglichkeit zu überprüfen, zogen sich sämtliche Muskelstränge in meinen Beinen zusammen. Mein Körper streikte und mein Kopf erst recht. Ich hatte zwar keine Ahnung von Schiffen, aber daß die Fahrt auf diesem Pott nicht unbedingt den Stoff für eine weitere Traumschiff-Folge hergeben würde, war mir in dieser Sekunde klar.

»Sieht doch toll aus«, hörte ich Irene in ihrem ungebrochenen Optimismus hinter mir flöten.

»Ja, ja«, kochte ich innerlich, »und du bist das nächste Playmate des Monats!«

Meine Knochen setzten sich irgendwann von allein wieder in Bewegung. Nach einigen Minuten stand ich in einer Herde Menschen an der Kaimauer. Kniffen alle wegen der Sonne die Augen zusammen, oder konnte ich auch bei anderen eine gewisse Skepsis

Danke, Mike Patton! 1994

Lang überlegte Highlightfragen: mit Farin Urlaub, Die Ärzte, Bielefeld 1993

Der Kassenwart mit Pulli und Campi, Düsseldorf 1994

Doch wieder in der 1. Reihe: mit den Hosen, Mannheim 1995

Eigentlich alles perfekt: Vor dem 1000. Hosen-Konzert, Düsseldorf 1997

Die rote Heidi, meistens grün: mit Heidi Wieczorek-Zeul in der Südsee, 1995

Das Traumschiff: Südsee, 1995

am Gesicht ablesen? Uwe brachte das Ganze trocken auf den Punkt:

»Ist keine Jacht, aber sowieso unsere letzte Chance.«

Da niemand größere Protestschreie ausstieß, hielt auch ich meine Klappe und fuhr zurück, um weiter zu packen.

Gegen 15 Uhr war Treffpunkt an der *Kaunitoni*, wie sich der Kahn schimpfte. Was das heißt, weiß ich bis heute nicht, aber es würde mich nicht wundern, wenn es so was ähnliches wie »zu alt, zu rostig, zu langsam« bedeutet. Die Sonne knallte wie verrückt. Warum hatte ich mich nur so gefreut, diese Insel zu verlassen? Hier war es doch schön, fast wie im Traum: Palmen, Korallenriffe, feinster Strand. Nein, ich wollte nicht auf diesen Bananendampfer. Zuerst mußten wir alle unsere Pässe abgeben – na toll, jetzt waren wir verloren. Ich fühlte mich wie ein Kuba-Flüchtling, den man später vor Florida aus dem Meer ziehen würde. Die Politiker-Posse war inzwischen auch aufgekreuzt. Heidi und Reinhard machten zunächst keinen allzu glücklichen Eindruck, aber blitzschnell wendete sich das Blatt: Beide SPD-Politiker ließen sich vor dem Schiff fotografieren.

»Jetzt wird auch jeder Depp mitbekommen, daß das hier keine Urlaubsreise ist«, freute sich Heidi, die immer schön die politische Strategie im Hinterkopf hatte. Auch ich suchte in meinem Gedächtnis plötzlich nach dem verborgenen Wunsch, mal auf einer Marlboro-Abenteuer-Tour dabei sein zu wollen. Zweckoptimismus nennt man so was in Fachkreisen. Den Vogel schoß aber ein japanisches Fernsehteam ab. Die Jungs schleppten nicht nur einen Satellitensender mit an Bord, sondern (trotz aller Boykottaufrufe) auch sieben Paletten Evian-Wasser, Produit de France ... französische Fähnchen verteilten sie zum Glück nicht. Die deutschen Journalisten gehörten auf dem Schiff zu den Privilegierten. Immerhin durften wir uns zu viert eine drei Quadratmeter große Kajüte teilen – mit separatem Klo, versteht sich. Die Belegung war fast wunschgemäß: Michi, Uwe und ich. Und Reinhard, der SPD-Hinterbänkler.

Um Punkt 16 Uhr legte die *Kaunitoni* ab. Auf dem vorderen Teil des Frachters, der die unzähligen Fidschiinseln normalerweise mit Orangenkisten versorgt, war die Ladefläche zu einem Open-Air-Aufenthaltsraum umfunktioniert worden. Bastmatten sollten ein wenig Gemütlichkeit verbreiten, und die komplette Besatzung formierte sich im Schneidersitz zu einem Kreis. Einer der 27 Fidschianer stampfte mit einem abgebrochenen Besenstiel in einem Holzeimer rum, die anderen summten vor sich hin und klatschten dazu einen merkwürdigen Rhythmus. Die Zeremonie ließ trotzdem Vertrauen aufkommen. Nicht wegen der komischen Mischung, die da gerade zusammengebraut wurde, auch nicht wegen der musikalischen Darbietung. Aber die Ruhe und Gelassenheit, die diese Leute ausstrahlten, tat einfach gut.

Das Pulver in dem Holzeimer entpuppte sich als zermalmte Kawa-Wurzel, die mit Wasser vermischt und in kleinen Schalen zum Trinken gereicht wurde. Jeder neue Passagier bekam ein Töpfchen voll – ob er nun wollte oder nicht. Garniert wurde die Trinkorgie mit tollem Gesinge und Geklatsche. Und dann war ich dran. Das Zeug sah aus wie schlammiges Pfützenwasser und roch auch nicht grundlegend anders. Diese Assoziation hatten wohl schon einige vor mir, deshalb nannte man das Getränk auch »Muddy Water«. Die Essenz soll sowohl den Geist als auch den Magen beruhigen. Letzteres wollte ich auf Anhieb nicht bestätigen, denn nach dem ersten Schluck dachte ich, ich würde den brechreizgeplagten *Express*-Redakteur noch um Längen schlagen. Aber das legte sich. Man beklatschte mich besonders laut, weil ich so schnell getrunken hatte, und ich hoffte nur, mir damit keinen Nachschlag eingehandelt zu haben.

Nach der »Muddy Water«-Arie verteilte sich die Meute auf dem Schiff, und jeder schaute auf das offene Meer. Hinter uns bekamen wir Rarotonga endlich mal aus einer anderen Perspektive zu sehen. Es war schon merkwürdig. Eine gerade mal sechzig Quadratkilometer große Insel, aus der Berge von über 600 Metern wuchsen. Rarotonga verschwand in der Abendsonne und wir in unseren Kojen. Es gibt definitiv kein besseres Schlafmittel als einen monoton vor sich hin tuckernden Dieselmotor.

Mittwoch, 30. August 1995

Mann, hatte ich gut geschlafen. Lag es an der frischen Luft, für die unsere deformierte Kajütentür verantwortlich war, oder an der Abwesenheit Reinhards, der es vorgezogen hatte, die ganze Nacht lang sein Satelliten-Telefon an Deck zu bewachen? Und jetzt ein gutes Frühstück. Aber wo ist hier die Küche? Ich weiß, man sagt auf einem Schiff Kombüse, aber das hier war kein Schiff. Das war ein Witz. Die sanitären Anlagen hatte ich wegen des einladenden Geruchs sofort gefunden. Aber nirgendwo duftete es nach frischen Croissants. Ein Kahn von vierzig Metern ist schnell abgesucht, und als Kantine stellte sich komischerweise der Raum heraus, der gestern abend noch als Gepäckkammer gedient hatte. An einem Tisch mit acht Stühlen konnte man essen. Da wir aber über dreißig Leute waren, dauerte es noch ein Weilchen, bis ich an die Reihe kam. Ich plauderte in der Zwischenzeit mit einem belgischen Parlamentarier, der ziemlich locker drauf war. Er gehörte zur christlich-demokratischen Partei, trug aber trotzdem eine kurze Hose und ein Sting-T-Shirt. Könnt ihr euch Peter Hintze in so einem Outfit vorstellen, ohne zu lachen?

Wir setzten uns auf die frei gewordenen Plätze und schmierten uns ein paar Toasts. Nach dem zweiten fragte ich Marc, den Belgier, ob seine Scheiben auch so merkwürdig nach Diesel schmecken würden. Er nickte und hatte auch gleich den Grund parat: Die Lebensmittel an Bord wurden wegen Platzmangels in einem ehemaligen Tank aufbewahrt. Soweit zu den kulinarischen Aussichten für unseren Trip. Aber die beiden Köche leisteten erstaunliche Arbeit. Aus keinen Zutaten zauberten sie jeden Tag ein genießbares Essen, wenn man von dem Tankstellen-Beigeschmack einmal absah.

Der Belgier war zusammen mit sechs Politikerkollegen und einem Journalisten aus Brüssel an Bord. Die japanische Front bestand aus zehn Technikern und Reportern von zwei TV-Sendern. Ein weiteres Kamerateam arbeitete für den australischen Kanal Channel 7. Die spanische Zeitung *El Mundo* hatte Gustavo geschickt, ihren Schreiberling mit Mururoa-Erfahrung. Corinne, eine Journalistin des Pariser Blattes *Le Monde*, hatte es schon nach dem ersten Frühstück auf Philippe, einen belgischen Vertreter der Legislative, abgesehen. Wohl nicht nur wegen seines Saxophons, das er gern und oft einsetzte. Dann gab es noch Vertreter der *Bunten* und des österreichischen Magazins *News*, einen Arzt, der Kaffee am Morgen für Zeitverschwendung hielt und gleich mit Rum durchstartete, einen Geistlichen von den Cookinseln, der mehr Angst hatte als alle anderen zusammen, und, und, und.

Die deutsche Abteilung gehörte also mit zu den größeren, natürlich abgesehen von den Fidschianern, die dieses Schiff überhaupt erst klargemacht hatten. Ursprünglich sollte es ihre Protestfahrt werden, eine von Leuten mit wenig Geld, die teilweise noch nicht mal einen Job hatten. Und sie haben uns alle mitfahren lassen. Aber wir hatten auch dafür gezahlt – und das nicht zu knapp. So war die Zahl der Mitreisenden an Bord auf knapp sechzig angewachsen. Die *Kaunitoni* war für maximal dreißig Personen zugelassen. Aber das erfuhren wir erst hinterher.

Donnerstag, 31. August 1995

War die Fahrt gestern wegen rauher See nur unruhig, stoppte sie heute morgen gegen 2 Uhr gänzlich. Die Maschine fiel wegen eines Kühlwasserschadens aus. Ich bekam davon erst nach dem Aufstehen etwas mit, Michi und Uwe waren zu der Zeit aber schon fleißig im Maschinenraum und sammelten weiter Doku-Material. Ich wollte die Überfahrt zum Skriptschreiben nutzen. Täglich sollte ich einen kurzen Beitrag abliefern, und das läuft besser, wenn man schon einige Ideen im Kopf hat. Mich interessierte an dem kurzen Stop nur, daß wir noch mehr Zeit verloren. Gegen Mittag war der Motor wieder geflickt, und wir schipperten weiter. »Eine kurze Abwechslung auf der etwas öden Überfahrt«, dachte wohl so ziemlich jeder an Bord. Daß für noch mehr Abwechslung gesorgt war, stand spätestens um 18 Uhr fest. Da fiel die Maschine nämlich erneut aus. Wir trieben ohne Motor in der Südsee. So langsam machte sich Unruhe an Deck breit. Daß der Kahn in der Ausstattung keine fünf Sterne hatte, war zu ertragen. Aber wenn die Pumpe ausfiele, wäre die Lage ziemlich beschissen.

Die Technikabteilung der Besatzung tat ihr Bestes. Ohne Handschuhe und anständiges Werkzeug frickelten die Fidschianer stundenlang an allen möglichen Hebeln rum, doch die *Kaunitoni* wollte sich einfach nicht fortbewegen. Sie lag regungslos auf dem Meer wie ein im Wasserloch dümpelndes Nilpferd. Da waren wir also. Über zwei Seetage von Rarotonga entfernt, und bis Mururoa fehlten uns noch mindestens 2.000 Kilometer. Das hätte an schlechten Nachrichten eigentlich gereicht für heute. Aber zu allem Überfluß quittierte auch noch die Wasserpumpe ihren Dienst. Wer aufs Klo wollte, durfte sich mit einem Eimer am Seil an das Kinderspiel »Fang den Fisch« erinnert fühlen und auf diese Art Spülwasser aus dem Meer schöpfen. Wer sich nach einer Dusche sehnte, tat besser daran, seine Gedanken möglichst schnell in eine andere Richtung zu lenken.

Es gab jetzt zwei Möglichkeiten: Entweder konnte man sich mit einer guten CD auf dem Ohr in die Falle legen und beten oder, und das tat ich zuerst, noch mal kurz in die Mannschaftsunterkünfte der anderen Passagiere runterkraxeln. Dort lagen die Belgier, die Japaner, Gustavo und Co. zusammen mit etwa 25 anderen Seeteufeln. Ihr Musikprogramm war eher einseitig. Sie hörten nichts außer der Dieselmaschine, die trotz der eingestellten Vorwärtsbewegung für Strom an Bord zu sorgen hatte. Hätte man mir ein Bett da unten angeboten, wären diese Zeilen niemals geschrieben worden. Lieber hätte ich mit einem Briefbeschwerer um den Hals auf dem Grund des Pazifiks gelegen. Ich kletterte also wieder zurück in meine Luxusschlafstätte von 50 mal 180 Zentimetern, deckte mich mit meinem klammen Schlafsack zu und war dankbar für soviel Ungerechtigkeit.

Freitag, 1. September 1995

Die gute Nachricht gab es zum Wachwerden. Am Morgen wußten wir wenigstens, warum unsere Fähre nicht fuhr: Der Zylinderkopf war defekt. Gegen 10 Uhr versuchte der Maschinen-Klempner ein letztes Mal vergeblich, den Kahn in Schwung zu bringen. Der Rest des Tages wurde nur noch mit Diskussionen verbracht. Heidi wollte sofort abgeschleppt werden. Sie kritisierte vor allem den Informationsfluß während der letzten beiden Tage an Bord und fühlte sich nicht mehr sicher. Reinhard war noch zu sehr damit beschäftigt, sein Medienpensum abzuarbeiten. Er bediente nämlich so ziemlich alle Zeitungen, Radio- und Fernsehstationen unseres Landes mit Informationen über die Protestreise. Sein Nachtlager hatte er übrigens endgültig eine Etage höher aufgeschlagen, jetzt kuschelte er mit seinem Satelliten-Telefon zwischen grünen Bananenstauden unter freiem Himmel. Matthias vom Neuen Forum fühlte sich sichtlich unwohl, hatte aber mehr damit zu tun, die Insekten aus seinem dreißig Zentimeter langen Alm-Öhi-Bart zu entfernen.

Und was machte meine Truppe eigentlich? Michi und Uwe sorgten mit ihrer ausgeglichenen Art für erträgliche Laune und hatten ihren Dokumentarfilm schon auf Ben Hur-Länge ausgedehnt. Irene wußte wahrscheinlich immer noch nicht, daß die Maschinen standen, denn sie war die Königin der Seekrankheit. Ihr männliches Gegenstück entdeckte ich gegen Mittag. Als ich an der Reling Ausschau hielt, stand auf einmal ein grün angelaufener Asiate neben mir. In den vier Seetagen hatte ich eigentlich alle Mitreisenden schon mal gesehen, aber dieses Gesicht war mir neu. Hiroyuki, der Tontechniker des Tokyoter Fernsehsenders TBS, war so von Übelkeit befallen, daß er immer nur zum Göbeln an Deck kam. Da das Telefon von Reinhard inzwischen das einzige an Bord war, was funktionierte, hatte Michaela damit schon mehrmals den *Spiegel* kontaktiert. Sie wollte prüfen, ob ein Protestschiff unsere Route kreuzen könnte, das zufälligerweise noch Platz für sie hätte. Nach einer Federkernmatratze und Vollpension fragte sie allerdings nicht.

Spätestens an diesem Abend hatten sich die Fronten auf der *Kaunitoni* geklärt. Auf dem Oberdeck, vor Heidis Einzelkajüte, hockten Reinhard, Michaela, Rolf und Matthias vom Neuen Forum bei der Vizechefin der SPD. Alle mit Gesichtszügen, die aus schlechter Laune, Übelkeit und Angst zusammengesetzt waren. Eine Treppe tiefer wurde gesungen, getanzt und getrunken. Der Kühlschrank funktionierte nämlich noch und war erstaunlicherweise auch immer gefüllt. Hier befanden sich die Belgier (die zweifelsohne die Musikalischsten in ihren Reihen hatten), die Australier, einige Fidschianer und der Rest der EG-Bürger. Michi, Uwe, Susanne und ich pendelten zwischen den Etagen. Es war schon abgefahren, wie unterschiedlich die Leute mit dieser Situation umgingen. Als es später wurde, legte sich auch die Partymeute in die Kojen, die Frust-Abteilung war sowieso schon lange im Bett. Nur Reinhard telefonierte noch. Wegen der Zeitverschiebung fing jetzt seine arbeitsintensivste Phase an. Habe ich eigentlich schon erwähnt, daß eine Minute mit dem Satelliten-Kasten zehn Dollar kostet? Reinhard kommunizierte die halbe Nacht lang und rollte sich dann wie immer vor Heidis Kajütentür auf der Fußmatte zusammen. Es geht doch nichts über politische Hierarchie.

Samstag, 2. September 1995

»Heute wird alles gut.« Mit diesem Poesiealbumspruch begrüßte mich Irene, die mittlerweile von den Toten auferstanden war. Sie unternahm diese Reise übrigens nicht, um ihre hausfraulichen Fähigkeiten zu perfektionieren. Die rüstige Politikerin steckte mitten in den Wahlkampfvorbereitungen, und für eine Spitzenkandidatin der Grünen war die Mururoa-Fahrt einfach Pflicht. Irenes Optimismus war heute zum ersten Mal nicht ganz unbegründet. In den frühen Morgenstunden hatte sich nämlich die neuseeländische Marine bereit erklärt, Ersatzteile für die *Kaunitoni* per Hubschrauber einzufliegen. Wow! Nach so einer Knaller-Meldung schmeckte einem das Dieselbrot zum Frühstück fast doppelt so gut. Ein wenig Hoffnung keimte also auf, und die zwei Parteien an Bord kamen zu ersten Koalitionsverhandlungen zusammen. Heidi plauderte plötzlich mit den trinkfesten Belgiern, und Reinhard ließ mit seinem Telefon einen Fidschi-Protestler kostenlos dessen Mama anrufen. Ich verdrängte die Tatsache, daß es hier eigentlich nichts zu tun gab, indem ich buchdicke Beitragskonzepte schrieb oder Interviews und Aufsager drehte.

Abends spielten wir traditionell Karten. Die Runde hatte sich in den letzten Tagen so ergeben, und wir waren strenger als der Lindenstraßen-Stammtisch im Akropolis. Rein kam niemand mehr. Auch nicht für ein nagelneues *Kaunitoni*-T-Shirt, der absolute Renner am schiffseigenen Merchandising-Stand. (Die Hemdchen gab es wirklich.) Die Karten-Klopper waren Michi, ich, Adi und John. John war Australier und ist wahrscheinlich inzwischen schon geschieden. Er hatte nämlich noch vor knapp zwei Wochen mit seiner Frau auf den Fidschiinseln Urlaub gemacht. Eines Tages hatte ihm am Strand ein Einheimischer einen Zettel in die Hand gedrückt, der zur Fahrt auf dem Protestschiff *Kaunitoni* aufgerufen hatte. John, dem die Testversuche vor Mururoa schon lange mächtig gestunken hatten, zögerte keine Sekunde. Er hat seiner Angetrauten die Sonnenmilch dagelassen, seine kleine Tasche gepackt und sich mit den Worten verabschiedet: »Schatz, ich muß das tun.« Wenn John nicht als Passagier eingecheckt hätte, wäre er bei jedem locker als Kapitän durchgegangen. Er war an die zwei Meter groß, brachte stolze zwei Zentner auf die Waage und hatte schlohweißes Haar und einen ebensolchen Bart. Ein Bär von einem Typ, so um die Fünfzig.

Wir zockten das Spiel »Vögeln«. Unter diesem Namen hatte ich es vor Jahren kennengelernt, ich kann auch nichts dafür. Michi fand den Namen gleich sympathisch. John und Adi erzählten wir einfach, wir hätten die Spielbezeichnung vergessen. John kamen die Regeln zwar bekannt vor, doch ihm lag der australische Name nur auf der Zunge. Adi belegte übrigens den zweiten Platz in der Hierarchie an Bord, nach dem ehemaligen Premierminister der Cookinseln, den alle nur Papa Tom nannten. Sie gehörte dem Fidschi-Parlament an. Adi hatte den schwärzesten Humor, den ich jemals bei einer Frau erlebt habe. Wie die über Heidi und die Schißbuxen-Fraktion herzog, war schon der Hammer. Unsere Runde harmonierte vorzüglich. Als Michi nach einem Spielzug seinem Ärger mit den Worten »Oh, hell!« Luft machte, brüllte John mit seinem Lungenvolumen, das dem eines Heißluftballons gleichkam, vor Freude das ganze Schiff zusammen. Er hatte erstens gewonnen, und zweitens fiel ihm ein, daß Michis Fluch in Australien der Name dieses Kartenspiels ist.

Sonntag, 3. September 1995

Gegen Mittag standen alle Mitreisenden der *Kaunitoni* auf dem nicht mal mit einem Geländer versehenen Dach des Oberdecks. Wir starrten in den Himmel und warteten auf den angekündigten Flieger aus Neuseeland. Irgendwann tauchte eine fette Propellermaschine auf, etwas größer als der erwähnte Hubschrauber. War denn soviel kaputt bei uns? Nach langem Kreisen warfen die Piloten einen Fallschirm ab, der ungefähr dreißig Meter vom Schiff entfernt ins Meer plumpste. Das Flugzeug drehte noch eine Ehrenrunde, die Jungs winkten uns zu und nahmen dann wieder Kurs auf Neuseeland. »Haben die es gut, in zwei Stunden sind die wieder an Land«, schoß es mir durch den Kopf. Jetzt war die Stunde der barfuß agierenden Besatzung gekommen. Die ließ auf hoher See das marode Beiboot ins Wasser, eine Aktion, die über eine halbe Stunde in Anspruch nahm. Beim Zusehen hatte man den Eindruck, mindestens vier Matrosen würden sich die verschiedensten Extremitäten abquetschen.

Als der schwimmende Rucksack an Bord geholt wurde, kramte jeder seine Kamera raus und knipste sich die Freude aus dem Leib. Uwe drehte in Superzeitlupe. Wie ein Weihnachtsgeschenk wurde der Beutel aufgerissen, zum Vorschein kam allerlei: viel Papier, einige Dichtungen, ein Kolben. Nur der fehlende Zylinderkopf war wohl in Auckland geblieben. Dem Mechaniker war die Enttäuschung über den Inhalt des Päckchens gleich anzusehen, und bis zum frühen Abend hatte jeden die frohe Botschaft erreicht, daß diese spektakuläre Ersatzteillieferung leider vergebens war. Jetzt war Feuer unterm Dach. Heidi drängte auf eine erneute Krisensitzung, und diesmal hatte ausnahmsweise keiner etwas dagegen.

Wir trafen uns wie immer auf der Ladefläche. Die übliche Prozedur begann: Schneidersitz, »Muddy Water«, und wer was sagen wollte, stand auf. Die Meinung der Politiker aus Deutschland stand ziemlich schnell fest – abschleppen lassen und zurück nach Rarotonga. Aber sie waren noch nicht mal die Ängstlichsten. Reinhard aus Hamburg meldete sich zu Wort, ein Tourist, der nur wegen der Friedensflotte den Weg in die Südsee auf eigene Kosten angetreten hatte. Wem das noch nicht merkwürdig genug erscheint, hätte mal sein Outfit sehen sollen. In perfekter Segelkluft schlich er fast stündlich um den Kapitän herum und korrigierte dessen Positionsmarkierungen auf der Karte. Er kannte sich mit Wind, Strömungen, Schiffen und dem Pazifik im besonderen verdächtig gut aus. Reinhard B. – um Verwechslungen mit unserem Subventionierer der Telekom zu vermeiden, nenne ich ihn im weiteren Verlauf nur noch den Spion – sprach frei aus, daß er um sein Leben fürchte:

»Wir dümpeln seit nunmehr vier Tagen manövrierunfähig in der Südsee, ohne jede Möglichkeit, das Schiff wieder zum Laufen zu bringen. Der Seegang wird täglich stärker, wir bekommen schon seit Stunden Sturmwarnungen. Wenn die Wellen noch höher werden, macht das Meer mit uns, was es will. Ich will hier raus. Die nächsten Schiffe sind Seetage von uns entfernt. Mir ist egal, wer uns abschleppt, und seien es die Franzosen. Das ist hier nicht mein persönlicher Krieg. Ich habe keine Lust, auf einer Protestfahrt mein Leben zu verlieren. Wer für ein Mayday-Zeichen ist, hebe die Hand.«

Stille. Nach diesem deutlichen Vortrag, in druckreifem Englisch gehalten, zuckten nicht nur mir die Finger. Der Spion sprudelte das heraus, was vielen in den Köpfen herumschwirrte, aber keiner auszusprechen wagte. Bevor allerdings die Meuterei losbrach, ergriff Adi, die diese konspirativen Sitzungen leitete, das Wort. Sie stimmte dem Spion zu, daß die Situation für uns sehr heikel sei. Sie würde auch ein Abschleppmanöver akzeptieren, falls sich die Mehrheit dafür entscheiden sollte. Allerdings, und da gab ihr sogar das SPD-Duo recht, kämen dafür französische Schiffe nicht in Frage. Heidi hatte sicher schon Schlagzeilen im Kopf wie: »Dümpelnde Wieczorek-Zeul von Franzosen auf den Haken genommen«. Nein, diese Ohrfeige wollte sie, verständlicherweise, nicht riskieren.

Der Spion stand mit seiner radikalen Meinung also offiziell alleine da. Aber ich wette, nicht nur für mich war er an diesem Abend der eigentliche Gewinner. Was sollte diese ganze Gute-Laune-Nummer noch? Ich wollte nach Hause, das war mir jetzt klargeworden. Der wichtige Papa Tom schlug der Runde schließlich vor, ein Patrouillenboot der Cookinseln anzufordern, das uns in den Hafen von Rarotonga zurückschleppen könnte. Der Vorschlag wurde mit Applaus angenommen, und damit hatte Papa Tom sich eine weitere Schale »Muddy Water« verdient. Zum ersten Mal herrschte Übereinstimmung an Bord. Außer den Hardlinern aus Fidschi konnte jeder mit diesem Kompromiß leben.

Aber Grund zur Freude war das nur bedingt. Es stand also fest, daß die Weiterfahrt, die seit vier Tagen keine mehr war, jetzt nun definitiv abgehakt wurde. Die Entscheidung war gleichbedeutend mit dem Scheitern der Reise, der Spion hatte seine Arbeit erfolgreich erledigt. Ob diese Bezeichnung für ihn fair ist, kann bis heute keiner so richtig beweisen – genausowenig wie den Verdacht, daß er es war, der Wasser in den Diesel geschüttet und damit den Zylinderkopf zerstört hat. Unsauberer Kraftstoff war nämlich später die Diagnose des Motorschadens. Aber sein Verhalten, sein ständiges Drängen auf französische Hilfe und auch unsere weich gewordenen Birnen versicherten uns damals, in dieser Einschätzung richtig zu liegen.

Montag, 4. September 1995

Es war schon nach Mitternacht, als ich registrierte, daß ich kotzend über der Reling hing. Den Magen ausleeren zu müssen, das war ein Problem, es aber bei Sturm so zu bewerkstelligen, daß der Inhalt nicht wie ein Bumerang zurückkam, war weitaus schwieriger. Craig, der Fidschianer, der Nachtwache hatte, legte seinen Arm um mich und feuerte mich an, alles zu geben. Er hatte es endlich geschafft. Craig war nämlich schwul, und seit Tagen versuchte er, näheren Kontakt zu mir aufzubauen. Ich hatte ihm zwar erfolgreich klargemacht, daß das nicht so meine Abteilung ist, aber er blieb hartnäkkig. Versucht ihr mal, jemandem auf einem Schiff aus dem Weg zu gehen! Zumal Craig ja nett, witzig und freundlich war. Jetzt war ich ihm also ausgeliefert. Ich ließ mir mitten in der Nacht den vorherigen Tag noch mal durch den Kopf gehen, und er konnte endlich meinen Rücken streicheln.

Warum nur war mir so schlecht? Seekrank war ich nicht, das stand fest. Damit hatte ich ja zu Beginn auch keine Probleme gehabt. Und außerdem trug ich die astreinen Pulswärmer von meiner Mutti, und diese Dinger hatten schon früher ihre Hochseefunktionalität bewiesen. Konnte es doch was mit dem Nickerchen zu tun haben, das ich gestern Mittag in praller Sonne auf dem Deck gehalten hatte? Schon beim Abendessen hatten mich alle darauf hingewiesen, daß ich tierisch rot im Gesicht sei. Na toll. Ich hatte einen Sonnenstich. Meine Begegnung mit der Reling wiederholte sich in dieser Nacht noch zweimal, und mir wurde plötzlich klar, was Irene und Hiroyuki durchgemacht haben mußten. Zum Glück war ich immer schon fertig, wenn Craig an unserer Kajüte vorbeipatrouillierte. Aber er schaute jedesmal sorgenvoll hinein.

Am Morgen konnte ich kaum aufstehen und nur unverständliches Zeug von mir geben. Mein Schädel platzte fast vor Kopfschmerzen, und das Fieber schien beträchtlich zu sein. Für unseren lebenslustigen Arzt an Bord war das aber kein Grund zur Sorge. Er bot mir einen Schluck aus seiner Pulle an, ich zog allerdings die Tablette in seiner Hand vor. Dr. Wolfgang F. kam ursprünglich aus der Pfalz. Vor Jahrzehnten hatte er sich mit seiner Frau nach Fidschi aufgemacht und eine winzige Insel gekauft, seitdem praktizierte er in der Gegend als paddelnder Allgemeinmediziner. Dem Lebemann sah man es schon von weitem an, daß er keinen Spaß ausließ. Jetzt holte er ein Thermometer unter meiner Achsel hervor, dessen Quecksilbersäule schlanke 39,6 Grad zeigte, verdonnerte mich zum Liegenbleiben und versprach: »Morgen ist alles wieder o.k.«

So richtig beruhigen konnte er mich mit dieser Platitüde nicht, aber ich verpennte den ganzen Tag. Und bekam so auch nicht mit, daß am Nachmittag Besuch am Himmel erschien – ein französischer Aufklärer überflog die *Kaunitoni* mehrere Male. Als klar war, daß wir nun wirklich keine große Gefahr für die geplanten Testversuche mehr waren, drehte der Jet bei. Allerdings hatten ihm Uwe, Michi, Susanne, Michaela und alle anderen, die mit Kraftausdrücken keine großen Probleme hatten, bei jeder Annäherung ein lautes »Fuck Chirac« entgegengeschleudert und mein T-Shirt hochgehalten. Trotz meiner vorübergehenden Unpäßlichkeit hatte ich also, zumindest indirekt, gegen die Franzmänner mitgekämpft.

Dienstag, 5. September 1995

Die See wurde immer aufgewühlter, wir erreichten inzwischen Windstärke acht. Es tat nur gut, sich daran zu erinnern, daß gegen Abend das gerufene Patrouillenboot *Kukupa* eintreffen sollte. Rein körperlich ging es mir aber besser, der trinkfreudige Doktor hatte mit seiner Prognose tatsächlich ins Schwarze getroffen. Nach 24 Stunden Abstinenz konnte ich wieder von unserem Diesel-Futter naschen. Vor zwei Tagen hatte ich mich mit VIVA übrigens auf eine Notlösung einigen können: Ich sendete jetzt täglich Telefon-Aufsager nach Deutschland, die dann abends in den *News* ausgestrahlt wurden. Auch in Köln war inzwischen unstrittig, daß wir wenigstens versuchen sollten, eine Vor-Ort-Berichterstattung hinzubekommen. Sei es auch 1.500 Kilometer von Mururoa entfernt und per Funkverbindung. Heute konnte ich den Jungs melden, daß wir uns, wenn alles klappen sollte, in ein paar Stunden wieder vorwärtsbewegen würden. Nur nicht mit eigener Kraft – und außerdem in die falsche Richtung.

Aber kommen wir zum Star des Tages: Michaela. Sie hatte es tatsächlich geschafft, ein Segelboot zu kontaktieren, das noch eine Schlafkoje frei hatte und dessen Skipper sich wegen eines Umwegs zur *Kaunitoni* keine großen Sorgen machte. Das Boot schwappte gegen 14 Uhr 30 unmittelbar neben unserem Frachter, aber das Umsteigen war noch schwieriger als im Pariser Hauptbahnhof. Aus drei Metern Höhe mußte Michaela in die Jolle springen und anschließend noch ihren Rucksack auffangen. Der *Spiegel* wäre stolz auf sie gewesen. Vorher gab es eine herzliche Verabschiedungsarie. Zwar ohne »Muddy Water«, aber mit vielen Umarmungen. Heidi wurde am längsten geknuddelt, aber ich kam auch nicht schlecht dabei weg. Es war schon ein merkwürdiges Gefühl, als Michaela plötzlich davonsegelte. Für sie sicherlich auch.

»Der Horrortrip hat ja nun auch für dich bald ein Ende«, flüsterte sie mir bei der Trennung ins Ohr.

Wie sagt mein Vater so gerne? Der *Spiegel* hat nicht immer recht . . .

Der nächste Gast war für 20 Uhr 30 angekündigt. Das war schon merkwürdig. Acht Tage lang sah man nichts als Wasser, und plötzlich gaben sich die Besucher die Klinke in die Hand. Diesmal handelte es sich zum Glück um die *Kukupa* von den Cookinseln. Als sie eine halbe Stunde früher als erwartet am Horizont auftauchte, kannte der Jubel keine Grenzen mehr. Das Bier floß in Strömen, und der angestimmte Abba-Song *S.O.S.* bekam kurzfristig eine völlig neue Bedeutung. Endlich sollte mal was perfekt klappen auf diesem Pannendampfer. Die Fidschianer hatten die Ankerkette blitzschnell mit einem Stahlseil der *Kukupa* verbunden, und um 21 Uhr war das Abschleppmanöver trotz des in der Zwischenzeit aufgekommenen Sturms butterweich gelungen. Wir hingen am Haken.

Daß die Bestückung des Kühlschranks spätestens heute dem Vergleich mit der Bibelgeschichte von der wundersamen Brotvermehrung nicht mehr standhalten konnte, versteht sich wohl von selbst. Er leerte sich rasend schnell. Die Kronkorken flogen nur so durch die Gegend, und selbst Heidi, die nach Michaelas Flucht zeitweise grünlich verfärbt an meinem Arm gelehnt hatte, konnte plötzlich wieder lachen. Allen war klar: In zwei Tagen werden wir, das taffste aller Marlboro-Abenteuer-Teams, zwar nicht unser Ziel, aber etwas ebenso Schönes erreichen – die neulich noch so verfluchte Insel Rarotonga. Es wurde ein fröhlicher Abend, an dem die Belgier mal wieder die letzten waren. Aber am beglücktesten war wohl Uwe, der mit Florina aus Fidschi im Rettungsboot mehr als eine Seenotübung machte.

Mittwoch, 6. September 1995

Als hätte unser Kameramann mit der für sein Schäferstündchen gewählten Örtlichkeit irgendeine Vorahnung gehabt, knallte es um etwa 0 Uhr 30 gewaltig. Ich wurde aus meinem Hochbett geschleudert, und so ziemlich alles in der Kajüte flog mir um die Ohren. Leider auch Michis Beutel Dreckwäsche. Aber der Sturzflug aus zwei Metern Höhe war noch das geringste Übel. Draußen hörte ich hektische Schreie. Als ich gerade an Deck gehen wollte, wurde die *Kaunitoni* schon wieder kräftig durchgeschüttelt. Viele kamen mir mit Schwimmwesten entgegen, und Susanne drückte mir im Vorbeispurten auch eine in die Hand. Vielleicht war die Rettungsübung, die wir vor 48 Stunden eher zum Zeitvertreib absolviert hatten, doch nicht so verkehrt gewesen. Ich rannte auf die Brücke, und endlich konnte ich erkennen, was eigentlich abging: Das Patrouillenboot trieb direkt neben uns und wurde von den hohen Wellen permanent gegen die *Kaunitoni* gedrückt. Stahl auf Stahl. Immer wieder. Die Aufbauten der *Kukupa* verhakten sich mit unseren Verstrebungen, und die zentnerschweren Balken des Bootes knickten weg wie Streichhölzer. Die Geräusche dazu hörten sich nicht besonders angenehm an – ungefähr so, als würde dir ein Zahnarzt seine gesamte Bohrerkompanie ins Trommelfell drücken.

Wir sollten uns alle auf dem Dach des Oberdecks einfinden, von dort aus würde die Evakuierung der *Kaunitoni* eingeleitet, dröhnte es durch die Lautsprecher. Seit wann funktionierten die denn wieder? Jetzt trällerte keiner mehr *S.O.S.*, obwohl dieser Ruf bitter nötig gewesen wäre. Doch der dickbäuchige Kapitän blieb stur. Dieser fette Klops ging mir mit seiner stoischen Ruhe schon die komplette Reise über auf den Sack. Wenn diese Havarie kein Mayday wert war, was dann?! Heidi schrie ihn an, aber er tat nichts. Unterdessen hatten sich alle auf dem Dach des Schiffes versammelt. Nur wenige Glückliche trugen eine Rettungsweste, die meisten waren zu spät gekommen. Doch ihre verblichene rote Jacke beruhigte Sophie von der *Bunten* auch nur bedingt. Sie litt, glaube ich, gerade an so was ähnlichem wie einem Nervenzusammenbruch. Das war auch ziemlich verständlich. Sie hatte die Weste total falsch angezogen und strangulierte sich fast damit. Ich half ihr und konnte mich damit ein wenig ablenken. Denn jetzt einfach nur dazustehen und zu denken, daß es uns gleich wie der *Titanic*-Besatzung gehen würde, fand ich nicht wirklich attraktiver. Und diese Möglichkeit bestand durchaus, denn wenn zwei Acht-Tonnen-Schiffe auf offenem Meer gegeneinander knallen, wird früher oder später ein Leck geschlagen. Das ist so sicher wie ... ach, lassen wir das.

Da wären wir also bei der Kirche angelangt. Und zu ihrem höchsten Vorgesetzten versuchte ich in diesem Moment auch so schnell wie möglich Kontakt aufzunehmen. Meine Zeiten als Meßdiener konnten doch nicht für die Katz gewesen sein! Ich hatte Schiß, großen, kalten Schiß. Ich wußte zwar irgendwie, daß man so bescheuert gar nicht abtreten könnte – aber daß wir in einer aussichtslosen Lage steckten, war sicher. Das Beiboot (Betonung auf Einzahl) wurde klargemacht, und wer nicht reinpaßte, mußte halt springen. So lautete die Ansage von Tara, die technisch das Sagen an Bord hatte. Frauen zuerst, das kannte ich. Dann blieb mir also nichts anderes übrig, als ins Wasser zu jumpen. Mitten in der Nacht, im Stockdunklen und mit hungrigem Besuch von unten. Denn, das habe ich eventuell vergessen zu erwähnen, durch das tagelange Dümpeln auf einer Stelle hatten unsere über Bord entsorgten Essensreste natürlich die Kameraden mit den spitzen Zähnen angelockt. Schon vorgestern hatte Uwe freudestrahlend einen Hai auf Tape gebannt.

Es war in dieser Sekunde also alles wie in dem beschissensten Film, den man sich nur vorstellen kann. Aber vielleicht half mein Beten, vielleicht auch die Tatsache, daß wir eigentlich nur Gutes vorhatten auf diesem Kahn. Vielleicht hat auch einfach bloß einer der Marinesoldaten auf der *Kukupa* den richtigen Hebel gefunden. Denn plötzlich sprang der wegen Überhitzung ausgefallene Motor des Patrouillenbootes wieder an, und der Schlepper machte schleunigst, daß er wegkam. Die Schiffe lösten sich voneinander und hatten sich, wie durch ein Wunder, gegenseitig keine gravierenden Schäden zugefügt. Wie oft ging mir in dieser Nacht die Lebensversicherung durch den Kopf, die ich eine Woche vor der Reise bei VIVA hatte unterschreiben müssen. »Nur eine Formalität«, hieß es damals in der Personalabteilung. Fast hätte die Agrippina AG 150.000 Mark ausschütten müssen.

Donnerstag, 7. September 1995

Und die Versicherung wäre um die Auszahlung auch noch herumgekommen. Im Kleingedruckten ihres Papiers fand sich nämlich ein Vers, der ungefähr so ging: Sollten die Franzosen im Zeitraum 20.8. bis 18.9. mit Atomversuchen beginnen, so besteht keine Deckung mehr – pünktlich zum High Noon war die Agrippina aus dem Schneider. Und Jacques Chirac war doch wirklich behämmert genug, so ein Ding hochgehen zu lassen. Er hatte alle Protestler ins

Leere laufen lassen, denn statt vor dem Mururoa-Atoll wurde die Bombe unter dem fünfzig Kilometer entfernten Fangataufa-Atoll gezündet. Wir bekamen von der Explosion nichts mit, die niederschmetternde Nachricht wurde uns einige Minuten später per Funk übermittelt. Jetzt war wirklich alles umsonst gewesen. Dieser verantwortungslose Rotwein-Fetischist ließ doch tatsächlich seine Muckis spielen. Es war zum Heulen – viele auf dem Schiff hielten sich diesbezüglich auch nicht zurück. Die altbekannte »Muddy Water«-Nummer wurde arrangiert, und diesmal war besonders viel Melancholie im Spiel. Kein Geklatsche, kein Nachschenken, kein gar nichts. Sechzig Augenpaare stierten einfach nur zu Boden.

Am Abend waren wir in Deutschland das Nachrichtenthema Nummer eins, zumindest in den Tagesthemen. Die machten mit der Meldung auf: »Protestler in Lebensgefahr, Heidi und Co. funken S.O.S.«. Letzteres stimmte ja leider nicht. Später erfuhren wir auch, warum unser Balu, der Bär am Steuerrad, keinen Bock auf den Seenotruf hatte. Die *Kaunitoni* war weder versichert, noch hatte sie wegen ihres katastrophalen Zustandes die Erlaubnis, auf dem offenen Meer zu schippern. Da wäre unser Captain im Falle eines offiziellen Maydays später ganz schön ins Schwitzen gekommen. Die meisten Leute in Deutschland bekamen aber überhaupt nicht mit, daß damals sechzig Menschen den Löffel schon zum Abgeben poliert hatten.

Freitag, 8. September 1995

Die einbrechende Dunkelheit hatte gestern unser Einschleppen in den Hafen von Rarotonga verhindert. Aber »Land in Sicht« war Motivation genug, es auf der *Kaunitoni* bis zum Sonnenaufgang noch mal so richtig krachen zu lassen. Alle flüssigen Reserven wurden verbraucht, und die Jungs von dem australischen Fernsehteam übertrieben es etwas mit der ausgelassenen Stimmung. Als auch die letzte Flasche geleert worden war, nahmen sie die Vorratskammer auseinander und prügelten sich mit der Besatzung. Mein Freund Craig zeigte ihnen aber, was ein Fidschianer so im Arm hat, und knockte die beiden aus. Nach kurzem Schlaf begann der hoffentlich letzte Tag an Bord also mit einem faden Beigeschmack. Doch diese Klopperei geriet ganz schnell wieder in Vergessenheit, als wir sahen, was vor uns veranstaltet wurde.

Die *Kukupa* kroch nach zwei Tagen volle Kraft voraus jetzt wirklich auf dem Zahnfleisch, außerdem war sie zu groß, um uns in das winzige Hafenbecken zu ziehen. Man löste also die traute Verbindung in beiderseitigem Einvernehmen. Aber das entgegenkommende Lotsenboot kam nicht richtig aus dem Quark, und die *Kaunitoni* trieb fröhlich auf ein Riff zu. Blieb uns denn wirklich nichts erspart? Da mußte die Patrouillen-Mannschaft doch wieder ran, sie fischte uns noch gerade so vor der Kollision aus dem niedrigen Wasser. Vor dem Schlitzer-Riff hatten wir noch mal die Kurve gekriegt, dafür entpuppte sich unser Abschleppdienst aber endgültig als zu unbeweglich. Das merkten auch die freundlich winkenden Inselbewohner, als die *Kukupa* beim Anlegen ein Drittel der Kaimauer mitnahm. Egal. Wir hatten zwar eingeparkt wie eine 80jährige mit zwei Tagen Fahrpraxis, aber wir waren wieder da. Hey, wir lagen im Hafen von Rarotonga! Hallo, aufwachen, wir sind zu Hause!

Ich konnte es noch gar nicht richtig glauben. Keiner konnte es glauben. Es kam mir vor wie Stunden, bis der erste sich traute, von Bord zu gehen. Ich zögerte diesen Moment merkwürdig lange hinaus. Holte meinen Paß, schulterte meinen Rucksack und verabschiedete mich von Craig und jedem einzelnen Besatzungsmitglied, obwohl die doch auch alle hier auf der Insel blieben. Irgendwie konnte ich nicht runter von diesem verflixten Kahn. Als ich dann doch die ersten Meter festen Boden unter den Füßen hatte, fiel ich auf die Knie wie der Papst am Flughafen und küßte den Asphalt. Ein großer Lacher, aber ich meinte das völlig ernst. Da die Wahrscheinlichkeit ziemlich gering war, daß der seit 7.000 Jahren erloschene Vulkan Te Manga auf Rarotonga wieder ausbrechen würde, konnte eigentlich nicht mehr viel passieren auf dieser Exkursion. Wir waren in Sicherheit.

Michi, Uwe, Susanne und ich mieteten uns noch für einige Tage in traumhaften Bambushütten ein. Jeder hatte sein eigenes Palmendach über dem Kopf, konnte duschen, so lange er wollte, und mit einem Kajak in der türkisfarbenen Lagune paddeln, die sich unmittelbar hinter der Terrasse breitmachte. Außerdem verschlangen wir Sushi, Lobster und überhaupt alles, was nicht nach Diesel schmeckte, im Zeitraffertempo. Mit anderen Worten: Wir ließen es uns gutgehen. VIVA erlaubte mir, nach diesen Strapazen noch eine Woche auszuspannen. Craig, der uns oft besuchte, hatte auch endlich begriffen, daß es platonisch zwischen uns doch viel mehr Sinn machte. Aber trotz dieser angenehmen Wendung des Schicksals zögerte das eingeschworene Männertrio Uwe, Michi und Matti keine Nanosekunde, als Susanne auf einmal mit der Information rüberkam, daß es in der Quantas-Maschine am Abend noch Plätze nach Hause gab.

Nieselregen, Fußball gucken und Currywurst mit Pommes – danach sehnte ich mich plötzlich so sehr, daß die Langusten, die Papageien und auch die 33 Grad im Schatten nicht den Hauch einer Chance hatten. Der unverbesserliche Craig heulte am Flughafen wie ein Schloßhund, und auch die anderen Fidschianer von der *Kaunitoni* waren gekommen, um zu winken. Sie bereiteten uns einen schönen Abschied, auch wenn er ein bißchen weh tat. Die Verrückten wollten übrigens ein zweites Mal nach Mururoa aufbrechen. Mit demselben Schiff. Sie kamen sogar an, schrieb mir Craig. Und haben ein lautes »Fuck Chirac« in die Zwölfmeilenzone geschrien.

Inzwischen war ich zu Hause aufgeschlagen und halbwegs wiederhergestellt. Nachts kämpfte ich allerdings gegen Windstärke neun auf einem sinkenden Schiff und tagsüber gegen Sprüche wie diese: »Du warst ja schon wieder in Urlaub, oder warum bist du so braun?«

Backstage

VIVA hinter den Kulissen

»Warum spielst du in deinen Sendungen eigentlich solche Scheißvideos? Wir wissen doch, daß du auf ganz andere Musik stehst.«

Diese oder ähnlich drastisch formulierte Fragestellungen findet jeder VIVA-Moderator in seiner täglichen Fanpost. Und zwar nicht zu knapp. Die Irritation der Gucker ist auch absolut nachvollziehbar. Wer konnte es Nils schon abnehmen, die neue Pur-Single wirklich »gar nicht so schlecht« zu finden? Das sind die schlimmsten Momente eines jeden VJs: mit einem versteinerten Lächeln Videos präsentieren zu müssen, die in einem das kalte Kotzen hervorrufen. Ich komme immer wieder gerne zu der am häufigsten gestellten Frage der Fans zurück. Glaubt ihr wirklich, die Moderatoren dürfen mit einem Karton VHS-Kassetten vor die Kamera latschen und einfach ihre Lieblingslieder in den Player schieben? (Das war eine rhetorische Frage!) Bei VIVA gibt es eben nicht nur Parties und Promis, hier existieren auch Pickel und Probleme. Ich will euch zwar nicht die komplette Illusion rauben, aber ein kleiner Blick hinter die Kulissen eures Lieblingssenders kann nicht schaden.

Maske

Fangen wir gleich mit dem Herzstück an. Dieser Raum ist nicht nur für die VJs, die sich hier jeden Tag die Hautunreinheiten wegschminken lassen müssen, der wichtigste. In der Maske erfährt jeder alles, was sich in den letzten Tagen und Nächten so ereignet hat. Hier bleibt nichts geheim. Egal, ob Shirins neue Single erneut den Sprung in die Charts verfehlt, Mola in einem Jahr seinen dritten Wagen zu Schrott gefahren oder Tobi zu Hause mal wieder Fans vor seinem Bett erwischt hat. Sei es noch so unangenehm, die Maskencrew findet alles raus. Nicht nur, weil hier neugierige Else Klings ihr Tagewerk verrichten, sondern weil man sich die Schminkzeit ja irgendwie vertreiben muß.

Hier eine Rangliste der Masken-Bestzeiten einiger VJs:

1)	Heike M.:	1¾ Std.
2)	Aleks B.:	1½ Std.
3)	Enie v. d. M.:	1¼ Std.
4)	Nils B.:	1 Std. (inkl. Haarewaschen)
5)	Axel T.:	¾ Std.
6)	Tobi S. / Matthias O.:	ca. ½ Std. (je nach Hautzustand)
7)	Stefan R. / Mola A. / Shirin V.:	¼ Std.

Komischerweise hat sich die Größe der Maske umgekehrt proportional zu dem Erfolg von VIVA entwickelt. Während man im ersten VIVA-Gebäude in Köln-Ossendorf bequem Tischtennis-Rundlauf hätte spielen können, hat die Schminkhütte im Mediapark kaum die Quadratmetergröße der dafür notwendigen Platte. Da ist es doppelt unangenehm, wenn Maskenbildner ihre tägliche Hygiene (Rasieren der Kopfhaut, Fußnägelschneiden und so weiter) in erschnupperbarer Reichweite zum Moderator verrichten. Hatte ich schon erwähnt, daß die Maske weder Fenster noch Belüftung hat? Ich habe die Oberflächenkorrektur in meinem Gesicht aber trotzdem immer als sehr angenehm empfunden. Vor Live-Sendungen konnte man noch mal schön entspannen und wegdösen, während fleißige Hände einem die Krater ausbesserten. Es sei denn, die Maske mutierte zum einzigen Aufenthaltsraum des gesamten Senders, und ich mußte mir zum vierzehnten Mal das neue Fritten & Bier-Demo anhören. Meine Genießermentalität brachte mir auch den Spitznamen »die Diva von VIVA« ein. Andererseits mußte ich traurig feststellen, daß selbst in meiner Pubertät die Pickel nicht so gewuchert sind. Diese Spachtelmasse ist halt kein Festschmaus für die Poren.

Jeder von uns ist also froh, das Zeug so schnell wie möglich wieder runterzukriegen. Außer Tobi vielleicht. Der rannte damit früher sogar wieder in die Schule, was ihm die Fans nur schwer verziehen. Eine der amüsantesten Schmierereien in der Mediapark-Tiefgarage ist der Spruch einer 14jährigen Sympathisantin, der in Meter-Lettern mit Edding an die Wand gemalt wurde: »Tobi, mach mal deine Schminke ab, bevor du zu uns raus kommst, die sieht immer so schwul aus!«

Styling

»Was hat der Mola schon wieder für'n geilen Sweater an!« Das denkt ihr euch sicherlich oft. Da der Mola aber sein ganzes Geld in Tuning-Zeitschriften steckt, muß wohl jemand anderes seine Homeboy-Shirts kaufen. Falsch! Bei VIVA wird nichts gekauft – VIVA wird zugeschüttet mit Klamotten. Anfangs schlurrten wir zusammen mit Ralle, unserem Styling-Fachmann, über die Kölner Ehrenstraße, und er kaufte für ein paar Scheine unsere ersten Outfits. Keine zwei Monate später aber stapelten sich die Diesel-, Stüssy- oder Energie-Kartons bis unter die Decke des viel zu kleinen Bügelzimmers im Ossendorfer Studiotrakt. Die Firmen hatten schnell begriffen, daß wir perfekte Litfaßsäulen sind. Trug der Bokelberg gerne Mützen on Air, haben sich in den Geschäften die Lappland-Kopfbedeckungen in XL doppelt so schnell verkauft. Und da wir mit den Kleidungsstücken unserem Alter entsprechend umgegangen sind, haben die Labels irgendwann kapituliert und nicht mehr versucht, die Ware zurückzubekommen: Das Zeug war geschenkt.

Auch meine Outfit-Entwicklung ist durchaus positiv zu betrachten. Lief ich zu VIVA-Beginn noch in der klassischen Physikstudenten-Kombination rum (Hemd plus Weste), habe ich doch nach und nach die optischen Vorteile britischer Mode kennen- und schätzengelernt. Bis heute ist es für jeden Moderator bei VIVA wie eine Weihnachtsbescherung, wenn mal wieder eine georderte Lieferung bei Ralle und seinen Mädels eintrifft: Karton aufreißen und grapschen. Das »Wer zuerst kommt, trägt zuerst«-Prinzip hat mir, der ich täglich in der Redaktion malochte, sehr gut gefallen. Manchmal brachte aber selbst dieser Vorteil nichts – die schönsten Teile entdeckten wir auch schon an den Körpern der Styling-Crew. Egal, jeder kam mehr als gut weg.

Es ist schon amüsant, wenn mein 63jähriger Dad mit Homeboy-Holzfällerhemd und Buffalo-Boots das Podium des Detmolder Stadtrates erklimmt und seine weiblichen Parteikollegen tuscheln: »Der Horst sieht heute wieder so flott aus!« Wo soll ich denn auch hin mit den Klamotten?

Redaktion

Das Gehirn des Senders. Hier denken sich findige Redakteure zum Beispiel aus, drei Clips gegeneinander antreten zu lassen und somit am Nachmittag den *Kellogg's-Clip des Tages* zu präsentieren. Oder man läßt die Nummer eins der Charts tippen und belohnt die Hellseher mit einem Präsent. Alles, was bei VIVA neu im Programm auftaucht, hat sich in dieser Kreativen-Legebatterie jemand aus den Fingern gesogen. Die Metapher soll die Arbeitsplatz-Ausmaße etwas verdeutlichen – man kommt sich schon recht nahe bei VIVA. (Scherzfrage: Wer sitzt mit sieben Mann auf zwanzig Quadratmetern? Antwort: Die, die noch mal Glück gehabt haben.) So erfährt man auch, daß einige Mitarbeiter eine Vorliebe für Balkonpflanzen haben, die manchmal extreme Ausmaße annimmt: Dann ziehen diese Grünpflanzen-Fanatiker einen ausgiebigen Besuch im Gartencenter sogar ihrer Live-Sendung vor und lassen die Pratikanten ans Werk. Das ist immer noch besser, als sie den ganzen Tag Kaffee kochen zu lassen. Man kann sich bei so vielen Terrakottatöpfen auch schon mal verzetteln – was allerdings weniger schlimm ist, als für *Interaktiv* keinen Moderator einzuplanen. Einmal wurde ich zwanzig Minuten vor der zweistündigen Live-Sendung vom *News*-Computer abkommandiert und auf das rote Sofa verfrachtet, weil alle VJs ausgeflogen waren. Eine nette Erfahrung, die ich nicht missen möchte.

Überhaupt passieren die schönsten Dinge bei VIVA eher durch Zufall. Wenn ein Volontär zu blöd ist, den Zoom einer Hi-8-Kamera zu bedienen, und er deshalb die Schnittbilder für den Beitrag total unscharf aufnimmt, dann wird das eben kurzerhand als Stilmittel verkauft und trotzdem reingeschnitten. Und am lustigsten ist, wenn andere Sender diese neue Art der Berichterstattung genial finden und sie kopieren. Aber nicht immer läßt sich Unwissen vertuschen. Gerade musikalisch noch recht jungfräuliche Mitarbeiter kommen um ihr Coming-out nicht herum, doch selbst leitende Führungskräfte der Redaktion VIVA ZWEI halten Doors Open und Curfew für fleißige Bands, über die man unbedingt mal einen Beitrag machen muß, genau wie über Variest Artists.

Auch die Ghostwriter der VJs sitzen hier im Redaktionstrakt. Autoren, die sich die Band-Infos der Plattenfirmen zufaxen lassen und Phil und Co. so in den Mund legen, daß es sich anhört, als hätte er gerade selbst mit den Ärzten telefoniert. Fast alles, was die VJs in der Glotze verbreiten, lesen sie vom sogenannten Teleprompter ab, einer Maschine, die den Text direkt vor der Kameralinse abspult. Man muß sich also auf die Informationen der Autoren verlassen – blindes Vertrauen ist allerdings tödlich. Ich habe mich mal dreißig Minuten mit einem Redakteur gestritten, weil ich behauptet habe, die Frau von Bon Jovis Drummer Tico Torres hieße Eva Herzigova. Er war allerdings der Meinung, der richtige Name des Models wäre Herzigovina. Er saß am längeren Hebel, weshalb ich den Streit und auch fast meinen Job verloren habe, denn zur Zeit des Balkan-Konfliktes so einen Fauxpas hinzulegen, das war schon peinlich.

Da sind wir schon beim nächsten Stichwort. Wir haben auch einige verkappte Fremdsprachenkorrespondenten unterm Dach sitzen. Kann man Sheryl Crow verübeln, daß sie, wenn ihr ein Interviewer Komplimente wie »Your show was grateful« unter die Nase reibt, mit diesem English for Runaways herzlich wenig anfangen kann? Andere wiederum sprechen zu gut Englisch und zu schlecht Deutsch. Als Steve Blame, der gemütliche Teddy vom Konkurrenzkanal, plötzlich bei VIVA auflief, dachte jeder, das sei ein kluger Schachzug. Nur dreizehn Monate später wurde er vom Sicherheitspersonal aus seinem Büro geschmissen, der König von VIVA ZWEI lag auf dem Brett. Ausgespielt.

Praktikanten

Sie sind die entscheidenden Redaktionskräfte bei VIVA. Viele frustrierte Teilnehmer der Fließband-Castings für neue VJs versuchen, durch dieses Schlupfloch doch noch zu ihrem Traumjob zu kommen. Das bedeutet für sämtliche Redaktionspraktikanten: Ihr müßt dreimal so gut aussehen wie die VIVA-Moderatoren, um als Lehrling genommen zu werden. Dementsprechend laufen die fleißigen Helfer an ihrem ersten Tag auf. Mit neuen Piercings und frischen Tattoos riskieren sie zwar zu Hause den Rausschmiß und die Streichung des Taschengeldes bis ins nächste Jahrtausend, aber eben auch die Entdeckung als Nachwuchsstar. Diese Karriere gab es bei VIVA bisher allerdings noch nie. In der Redaktion sollen schon mal sensationelle gesellschaftliche Aufstiege (wie etwa vom Lederjakkenverkäufer zum VIVA-*News*-Chef) möglich gewesen sein, aber solche Traumlaufbahnen gehören der Vergangenheit an.

Kurz vor einer vergleichbaren Beförderung stand mal ein *Interaktiv*-Praktikant, der in Ossendorf mehr Fans vor dem Studio um sich versammelte als Minh-Khai. Des Rätsels Lösung? Er verkaufte sich vor den Teenies als verantwortlicher Producer der beliebtesten VIVA-Sendung. Er erzählte allen, die es wissen wollten, er hätte es in der Hand, welcher Star ins Studio käme und welcher nicht. Er schrieb fleißig Autogramme, ließ sich fotografieren und gerne auch Küßchen auf die Wange schmatzen. Mich begleitete er mal zu einem Auslandsdreh für die *Interaktiv*-Club-Tour nach Griechenland. Ursprünglich war er für die Beschriftung der Kassetten zuständig. Als ich aber wegen einer Dreherlaubnis nachfragte, erzählte mir der Hotelchef: »Ich habe das schon mit dem Blonden, eurem verantwortlichen Redakteur, abgeklärt.« Ach so?! Nachdem derjenige bei weiteren vier Medienunternehmen gescheitert ist, weiß niemand mehr, wo er heute sein Glück als »verantwortlicher Producer« versucht.

Ein anderer Schlag von Praktis sind die Raffzähne: unschuldig dreinschauende Mädels, die schon nach 24 Stunden sämtliche Kontaktpersonen von Plattenfirmen recherchiert haben und wiederum nur einen Tag später Kartons voller CDs auf ihrem Schreibtisch horten. Falls Redakteure zur Interviewvorbereitung ebenfalls einen

Tonträger bestellen, kann die Antwort schon mal heißen: »Ich hab' doch schon so viele an Ralf geschickt!« – »Who the fuck is Ralf?« dröhnt es dann nicht gerade selten durchs Großraumbüro. (Dieser Vorname ist beliebig austauschbar.) Das alles ist noch zu verschmerzen. Als ich aber einmal Blur auf einem Kölner Clubkonzert verpaßt habe, weil ein Schülerpraktikant das komplette VIVA-Kontingent von 15 Tickets für sich und seine Posse aufgebraucht hat, habe ich mir gewünscht, Mike Tysons Ohrenschmaus gegen Evander Holyfield wäre ein Jahr früher über die Bühne gegangen. Als Anschauungsunterricht, wie man mit dreisten 15jährigen verfährt. Zur Ehrenrettung der Raffzahn-Praktikanten kann ich aber mal kurz eine Einladung eines Redakteurs unters Volk werfen. »Wer kommt zu meiner Tausendste-CD-Party?« stand auf einem kopierten Zettelchen. Vor VIVA hatte der Typ noch einen Kassettenrecorder.

Studio

Die heiligen Hallen befinden sich bei VIVA zwar nicht ganz 20.000 Meilen unter dem Meer, aber immerhin fast. Das zweite Untergeschoß des Mediapark-Gebäudes beherbergt das Sendezentrum. An jeder Ecke des U2 (Fahrstuhl-Abkürzung für »Untergeschoß 2«, die zu lustigen Wortspielen einlädt) hängen fette Schilder mit dem Warnhinweis, daß bei Feuer die gesamte Etage in dreißig Sekunden mit CO2 geflutet wird. Eine nicht gerade lebensverlängernde Maßnahme. Doch zum Glück können alle Mitarbeiter mit Streichhölzern umgehen, so daß uns bisher Sprintwettkämpfe ans Tageslicht erspart geblieben sind. Einmal mußte allerdings das komplette VIVA-Gebäude evakuiert werden. Als wir relativ frisch in den Mediapark gezogen waren, hinterließ ein wahnsinnig witziger Anrufer beim Empfang eine Bombendrohung. Die *Interaktiv live*-Sendung mußte abgebrochen werden, und in den *News* durfte ich zwei Stunden später eine Notlüge über Tobis Hals-über-Kopf-Verschwinden über den Äther schicken. Logisch, daß man so eine Aktion nicht auch noch breittritt – da könnte ja jeder von MTV eben kurz anrufen, falls VIVA mal wieder mehr Quote hat.

Es gibt zwei Studios bei VIVA. Ein kleines für die VIVA ZWEI-VJ-Strecken und ein großes für VIVA. Dort gibt es in jeder Ecke eine feste Dekoration für die verschiedenen Sendungen. Auf diese Art und Weise spart man Zeit für den Umbau und vor allem Geld, ein immer wiederkehrendes Argument. Bei VJ-Moderationen ist im Studio nie viel los. Da steht Enie oder wer auch immer vor der Prompter-Kamera, liest ihren Text ab, und ein Aufnahmeleiter sorgt für Ruhe (im Normalfall zumindest). Manchmal hat man Pech, und es lungern dort genau die Licht- und Tontechniker rum, die Moderatoren mit Sprüchen wie: »Mensch, Aleks, bei solchen Röcken müßt ihr Frauen euch nicht wundern, wenn ihr vergewaltigt werdet!« oder: »Na, Matthias, wie oft versprechen wir uns denn heute in den Live-*News*?« zu Höchstleistungen motivieren. Die Kabelträger habe ich vergessen. Das sind meistens nette Studenten, die den ganzen Tag nichts anderes tun müssen, als die Kameraschnüre wie ein Baby auf dem Arm zu wiegen, damit sich nichts verheddert. Wer diese zugegebenermaßen etwas stupide Arbeit aber nicht als Nebenjob abhaken kann, fixiert die VJs mit versteinertem Frustgesicht, das am liebsten schreien will: »Jetzt mach hin, du Arsch, ich will nach Hause.«

Das wollen die VJs auch, und deswegen gibt jeder sein Bestes. Die schnellsten VJs schaffen zwanzig Moderationen in einer halben Stunde (inklusive Umziehen), Neulinge haben diese Zeit schon vervierfacht. Promptern ist auch gar nicht so einfach, wie es klingt. Bei aufgezeichneten Moderationen geht es noch: Wer sich verspricht, versucht sein Glück halt noch mal. Bei den *News* war das Ganze allerdings live. Wenn du da ins Trudeln gerätst, gute Nacht! Wie war das noch, René? »Eine selbstmörderische Bote, der versucht, die Aromakypse zu aschokalisieren«? Das sollte eigentlich heißen: »Ein selbstmörderischer Bote, der versucht, die Apokalypse zu lokalisieren.« Aber mein *News*-Kollege hat das noch stilvoll aufgefangen und einfach »Meine Fresse!« hinterhergeschickt. So spontan war ich leider nicht, als ich die Anreise von Michael Jackson zu seinem ersten Moskau-Konzert mit den Worten anmoderierte: »Es ist endlich soweit, Jacko ist in Madonna gelandet.«

PR-Abteilung

Hier werden die VJs zu Stars gemacht. Alle Interviewanfragen gehen über den Schreibtisch der Öffentlichkeitsarbeit, so kann man sich sein Aushängeschild praktisch selbst basteln. Daß VIVA außer Heike Makatsch noch andere Moderatoren hatte, war der breiten Masse lange Zeit nicht unbedingt geläufig. Einige Mitarbeiter der PR-Abteilung schlossen sich da an. Als Aleks Bechtel ihren VIVA-VJ-Kalender in deren Büro abholen wollte, bekam sie die Frage zu hören, wer sie denn eigentlich sei. Vieles entwickelt sich aber auch so rasend schnell bei VIVA, daß man kaum hinterherkommt. Als ich einem Journalisten von einer bemühten Öffentlichkeitsarbeiterin mit den Worten »Das ist Matthias, der macht *Was geht ab?*« vorgestellt wurde, moderierte ich schon seit über einem Jahr die *News*. Das ist ja alles nicht so dramatisch. Ärgerlich wird es nur, wenn man plötzlich vorgeworfen bekommt, daß man sich nie auf das Filmangebot gemeldet habe, das doch vor fast einem Jahr an die PR-Abteilung von VIVA geschickt worden sei.

Es soll aber nicht der Eindruck erweckt werden, daß man sich hier alles erlauben kann, ohne Konsequenzen befürchten zu müssen. Fragt mal den jungen Mann, der die ersten VJ-Autogrammkarten zu organisieren hatte. Die Fotos waren so schön, daß er sich von der Druckerei das größere und gleichzeitig billigere Format aufschwatzen ließ. Heute stapeln sich immer noch 5.000 Konterfeis von Esha, Krieger und den anderen in den Lagerräumen, die nicht in die frankierten Rückumschläge der Fans paßten ...

Fans

Alle, die damals lange auf einen gekrickelten Namenszug warten mußten, sind in der Zwischenzeit sicherlich mehr als entschädigt worden. Die Geschichte mit den Waschkörben, die täglich bei VIVA eintreffen, stimmt übrigens. Nicht alle Briefe waren für mich, aber immerhin einer oder zwei, zum Teil von denselben Fans. Und das ist das schöne: Schreibst du einem Fan zurück, hast du am nächsten

Tag ein Paket auf dem Tisch. Mit Dankeschön-Bonbons und gemalten Herzen. Hardcore-Fans wie Miriam, Bettina oder auch Dirk wollten mich heiraten, das machten sie mir auch unmißverständlich klar. Wißt ihr eigentlich, was es kostet, eine Liebesbotschaft von einer Kühlerhaube entfernen zu lassen? Ich hasse Edding 2000! Da ich mich trotzdem nicht zur Eheschließung überreden ließ, haben sie ihr Glück bei René versucht. Fans sind weniger wählerisch, als man meinen sollte. Aber ich will mich überhaupt nicht beschweren. Im Gegenteil: Alle Briefe, die ich gelesen habe, waren nett, und jeder VJ freut sich darüber.

Bis auf wenige Ausnahmen. Was sollte das mit den ausgeschnittenen Buchstaben, die zu nur einem Satz zusammengeklebt waren? »Matthias, wir wissen, wo du wohnst, wir kriegen dich.« Aussagekräftiger waren da die Nazi-Beschimpfungen, die Mola zeitweise so massiv erhalten hat, daß er unter Polizeischutz gestellt wurde. Zum Glück ging aber die meiste Post in eine angenehmere Richtung. Doch auch einige Liebesbeweise waren etwas zuviel des Guten. Glaubt jemand im Ernst, Moderatorinnen freuen sich über Fotos von strammen Männlichkeiten, die gerade bei der Arbeit sind? Ich habe noch keine getroffen, die sich so was an den Kühlschrank klebt. Auf den ersten Blick attraktiver waren da schon die großzügigen Geldgeschenke, die Aleks manchmal bekam. Sie sollte sich dafür schöne Schlüpfer kaufen, forderte der Absender. Aber da sie sowieso ganz nette Unterwäsche trägt, hat sie das Geld lieber für einen guten Zweck gespendet.

Promoter

Die freundlichen Damen und Herren von den Plattenfirmen statten VIVA gern und oft einen ausgiebigen Besuch ab. Viele dieser Außendienstler verrichten ihren Job sehr effizient und kommen schnell zum Punkt. Dann hat man Glück und untereinander ein professionelles Arbeitsverhältnis. Es gibt aber auch Experten, die praktizieren etwas zähflüssiger. Zuerst steht bei denen ein kleiner Small talk mit dem jeweiligen Redakteur auf dem Programm, während sich im Hinterkopf der Pop-Vertreter eine Taktik verfestigt. Es kommt nämlich darauf an, so geschickt wie möglich das neueste Musikprodukt aus dem eigenen Haus ins Gespräch einfließen zu lassen, ohne dabei den vorherigen Small talk als Mittel zum Zweck zu demaskieren. Keine unbedingt leichte Aufgabe, denn die Redaktionsmitarbeiter kennen natürlich den Grund für den jeweiligen Spontanbesuch. Und sie machen sich nicht selten einen Spaß draus, die Zeit vom ersten »Hallo, na, alles klar bei dir ...« bis zum »Ach, übrigens, hast du schon die neue The Boys gehört, die ist der absolute Hammer ...« abzustoppen.

Aber bei fast jedem Promoterbesuch regnet es CDs und tolle Goodies. Das sind Promo-Geschenke, die einen Tonträger erfolgreicher an den Mann bringen sollen. Diese Präsente denkt sich die Plattenfirma aus, sie müssen immer einen gewissen Bezug zum Produkt haben. So verteilt man zur Band Juice eine Saftpresse – und zur Grönemeyer-Single *Bleibt alles anders* einen Fotoapparat. Hä? Grönemeyer eben, um die Ecke denken! Marxisten würden dieses Kapitel sicher »Bestechung« oder »versuchte Korruption« nennen, aber wer wird denn gleich übertreiben? Ich war ja auch noch nicht fertig. Wenn diese Give-aways nämlich nicht ausreichen, einen Musikredakteur davon zu überzeugen, daß jemand ein tolles Video gemacht hat, das unbedingt in die Rotation muß – sprich dreißigmal in der Woche gesendet, sprich 50.000 potentielle Single-Käufer geködert –, dann arbeitet man auch schon mal mit größerem Kaliber: »In New York spielen die Beastie Boys, hast du nicht Lust, sie zu sehen?« Diese leckeren Angebote sind natürlich nur den ausgewählten Mitgliedern der Musikkonferenz vorbehalten. Das ist ein Gremium, das wöchentlich beschließt, welche Videos bei VIVA wie oft gesendet werden. Was soll ich sagen, bei VIVA sitzen auch nur Menschen ... Und da sie nicht gestorben sind, kann man sie noch heute schmieren.

Security

Ein nicht mehr wegzudenkender Bestandteil von VIVA. Sicherheitsleute sorgen dafür, daß es keinem weiblichen Anhänger mehr gelingt, sich (vielleicht mit einer Schürze aus unserer Kantine als Catering-Mitarbeiterin getarnt) zu den Backstreet Boys in die Kabine zu schmuggeln. Ihr wißt ja selbst, was jedesmal vor dem Studio los ist, wenn die angesagten Bands kommen. Noch immer prozessiert man darum, wer denn nun den 300.000-Mark-Schaden begleichen muß, den vornehmlich weibliche Fans bei einem Besuch der Florida-Jungs um Nick Carter verursacht haben. Um bessere Sicht zu haben, waren sie auf Dutzende Autodächer gestiegen und sind fröhlich darauf rumgehüpft, wenn Kevin oder Brian zu sehen waren.

Dieser Tag war die Geburtsstunde der muskelbepackten Jungs vor dem VIVA-Gebäude. Schön, daß sie ihren Beruf sehr ernst nehmen und nichts anbrennen lassen – aber als Tobi mal seinen Ausweis vergessen hatte, wäre beinahe *Interaktiv* ausgefallen, weil er nicht ins Studio gelassen wurde. Überhaupt, die Ausweise: Chipkarten, die einem bei VIVA Tür und Tor öffnen. Falls das System funktioniert und der Metallstreifen nicht wieder am Markstück in der Hosentasche aufgerieben wurde. Dann steht man gefangen im Fahrstuhltrakt. Zur Rechten eine Feuertür, die sich nur mit einem Panzer aufstemmen lassen würde, und zur Linken eine Karten-Pforte, die wegen des ungültigen Magnetstreifens leider ihr »Sesam, öffne dich« verweigert. Aber zurück zu den Muskelpaketen mit schwarzen Bomberjacken. So ein Security-Job ist eigentlich sehr abwechslungsreich. Mal chauffiert man Marius Müller-Westernhagen von der Garderobe zur Bühne, mal geleitet man Jacko zum Hotel, und manchmal bringt man Mola zu seinem aufgemotzten Fiat und hält ihm die Fans vom Leib. Ich wüßte nicht, was ich am liebsten täte.

Sex & Drugs & Aftershow

Nein, wir gehen weder alle miteinander ins Bett, noch kaufen wir uns drei Kilo Koks am Tag. Aber ab und zu ordentlich feiern, das wird ja wohl erlaubt sein. Die besten Parties bei VIVA sind immer die spontanen: Irgend jemand hat aus irgendeinem Grund ein paar Flaschen Sekt mitgebracht, und schon geht's los. Dann kommt es auch schon mal vor, daß man zum Sandmännchen noch nicht zu Hause ist. Man kann aber auch Pech haben und eine ganze Woche lang nicht zu Hause sein. Wenn das dann auch noch in Thailand passiert und man statt in einem bequemen Hotelbett plötzlich auf einer schmalen Holzpritsche in einer Großraumzelle nächtigen muß, dann ist wohl was schiefgelaufen.

So könnte man das ausdrücken, was dem *Club Rotation*-Producer mal auf einem Dreh widerfahren ist. Eigentlich wollte er zusammen mit einigen Ravern die Insel besser kennenlernen. Als aber das Auto an der Straße auf Drogen untersucht wurde, entdeckte man leider ein wenig Gras im Handschuhfach. Der völlig unschuldige VIVA-Mitarbeiter wurde als Fahrer für die illegale Fracht verantwortlich gemacht und landete hinter Gittern. Seine Zellengenossen waren allesamt mit Eisenfesseln angekettet, und er malte sich schon mal die nächsten acht Jahre in dieser Umgebung aus – denn bekanntlich ist bei Asiaten mit Drogen nicht zu spaßen. Mit Hilfe höchster Kontakte und bester Beziehungen wurde der Daisy Dee-Chef (zur Überraschung seiner Mithäftlinge) nach einer Woche wieder freigelassen. Man sollte sich also immer schön mit den Landessitten vertraut machen und geographisch ein bißchen Bescheid wissen. Dann kauft man sich auch kein schwedisches Wörterbuch, wenn man in Kopenhagen einen Interviewtermin hat ... Soll bei VIVA alles schon vorgekommen sein.

Jetzt aber wieder zurück zum angenehmen Partygeflüster. Die *Comet*-Verleihungen sind auch immer recht gelungen. Habt ihr schon mal Tobias Künzel von den Prinzen besoffen gesehen? Das ist noch peinlicher als ihre Musik. Viele Bands werden nach der Preisverleihung erst richtig locker. Da unterhält sich auf einmal Campino mit Captain Jack, und H.P. von Scooter blödelt mit Bela B. rum. Und alle scheinen Spaß zu haben. Auf dem Klo knutscht Marusha mit

Frisch geduscht! Mit U2 in New York, 1997

Im Namen der Rose: mit Bono in New York, 1997

„I like your shoes": mit Bono und Larry, Dublin, 1997

Bot sich als Sturmverstärkung an: mit Marius Müller-Westernhagen, Köln 1994

Der Popelsender hatte einen guten Draht: mit Bono, The Edge, Köln, 1997

Der letzte Proll Amerikas: mit Jon Bon Jovi, Dänemark 1995

Vor der prallgefüllten Nordkurve einen Elfer versenkt: Bökelberg, Mönchengladbach, 1997

„Davon hat er 20!“ Mit Hulk Hogan, Köln, 1994

Ohne Worte: mit Kölsch und Aleks, Köln 1997

Zum 10 jährigen „Terminal Team“: mit Smudo, Fanta 4, Stuttgart 1998

„An diesem Tisch hatte jeder was mit Groupies“: VJ-Talk mit Tobi, Aleks, Mola und Nils. Köln, 1998

Cal von Worlds Apart, und Bono tanzt mit Smudo Klammerblues. Die Kombination VIVA-Mitarbeiter und Star wird auch sehr gerne genommen. Weniger erfolgversprechend ist dagegen die Verbindung von VIVA-Kollegen untereinander. Was stand noch neulich in einem Mail, als eine VIVA-Ehe nach nur einem Jahr in die Brüche gegangen war? »Ehebett zu verkaufen. So gut wie nie benutzt.«

Die Schnellficker-Schuhe

Die Audienzen bei U 2

Mit dieser Kassette hätte ich bestimmt auch Chancen gehabt, bei *Je t'aime – wer mit wem?* eine schmucke Perle abzuziehen. Die Partnervermittlungssendung auf meinem Lieblingskanal MDR gibt einsamen Menschen die Möglichkeit, sich über Video bei einem potentiellen »Paddner« anzubiedern. Ob sächsisch oder nicht, völlig egal. Womit ich meinen grenzenlosen Optimismus begründe, fragt ihr euch? Nun, mit meinem Band »Die tollsten Ausschnitte aus dem Arbeitsleben des Matthias O.« habe ich immerhin eine der fettesten Bands auf diesem Erdball überzeugen können. Die Iren von U 2 wählten mich. Nicht zum festen Bandmitglied, aber immerhin für ein Interview. So läuft das nämlich ab, in der Champions League der Musikkapellen. Man freut sich nicht euphorisch über ein Stundenspecial bei einem anerkannten Musikkanal, nein, man sucht sich den Fragensteller auch noch selber aus. Fünf Tapes hatte VIVA nach Dublin geschickt, die ausgestochenen Konkurrenten bleiben aus Anstand unerwähnt. Der Hauptgewinn – eine Kurzreise in die irische Hauptstadt für eine Person inklusive Besuch der legendären Proberäume von U 2 und einem kleinen Pläuschchen mit den Musikern – ging an die Losnummer vier. Den mit der Brille wollten sie haben, also kriegten sie ihn auch.

U 2? Sind das nicht diese Weltverbesserer mit der weißen Flagge in der Hand und dem niemals enden wollenden Song »Sunday Bloody Sunday«? Ein bißchen mehr wußte ich natürlich schon über diese Band, aber wenn ich ehrlich bin (und wo sonst sollte man ehrlich sein, wenn nicht in seinem eigenen Buch) – ein fanatischer

Anhänger bin ich nie gewesen. Doch das war komischerweise mein zweiter Pluspunkt neben dem grandiosen Video, auf dem übrigens nur ein paar Mururoa-Ausschnitte und zusammenhanglose Anmoderationen zu sehen waren. Eine Bedingung der Band war, kein Fan-Interview führen zu müssen. Vielmehr sollte es »light-hearted« sein, bekam man aus der Kommandozentrale von der Insel zu hören. Ah ja?! Nachdem ich sämtliche Dictionaries durchforstet hatte, um mit dieser Zuordnung was anfangen zu können, war ich auch nicht viel schlauer. Wir einigten uns in Köln auf die Marschrichtung »Small talk«: nicht zu kritisch, das mögen die Jungs um Bono nämlich nicht so gerne, und eben nicht zu kniefallmäßig.

Man merkte ziemlich schnell, daß es sich um eine Band handelte, die in einer höheren Klasse als Scooter oder Blümchen spielt, der Streß im Vorfeld war enorm. Daß der Interviewtermin wegen Unwohlsein des Sängers noch zweimal verschoben wurde, paßte genau ins Bild. Ich fand's gut. So konnte ich öfter und in Ruhe ihrer neuen Platte *Pop* lauschen und sämtliche Internet-Pages auf Neuigkeiten durchsurfen. Ich kam gar nicht mehr runter vom Brett. Über 200 verschiedene Seiten über die Gruppe, die mit ihrer letzten Tour *Zoo TV* die Popmusik in ein neues Zeitalter katapultiert hatte. Ihr anstehender Konzertmarathon *PopMart* sollte dem Ganzen noch einen draufsetzen. Jetzt war ich heiß: Eine Band wie U 2 vors Mikro zu bekommen ist schon was anderes, als Plastikbands zu interviewen.

Mit Christian als Redakteur ging es ab nach Dublin. Das Kamerateam zeigte schon vor dem Abflug gnadenlose Disziplin und verspätete sich so enorm, daß der Flieger fast ohne uns abgehoben hätte.

»Das sollten sie am besten morgen auch so handhaben, dann schmeißt uns Bono schon vor der ersten Frage aus seinen vier Wänden«, lästerte ich bei Christian. Ich war wohl ein wenig nervös. Und wie befreit man sich von derartigem Unwohlsein? Mit Guinness, genau. Zumindest in Irland. Zwar hatten sich bisher meine Fußnägel umgebogen, wenn ich auch nur einen Schluck von diesem bitteren Pipibier zu mir nehmen sollte, aber heute mußte es wohl sein. Es schmeckte an diesem Abend nicht grundlegend besser, aber seine Wirkung verfehlte es nicht. Wohlig fielen mir gegen 24 Uhr die Augen zu. 12 Stunden später sollte die Audienz starten.

Am nächsten Morgen wurde mir deutlich klar, warum wir uns noch so lange in der Bar unseres Zwei-Sterne-Hotels aufgehalten hatten, anstatt früh schlafen zu gehen: Die Zimmer waren klein und häßlich, aber dafür stank es nur im Bad. Nach dem Frühstück schlenderten wir vier noch kurz durch den Phoenix Park und fütterten die Enten am Teich. Ich war allerdings gar nicht richtig anwesend – ich bin in Gedanken noch mal meinen Fragenkatalog durchgegangen und habe sogar mein Stück Brot, das eigentlich für die Schnattermäuler bestimmt war, in Trance selber aufgemampft. Dann ging's ab Richtung Hafen. Um 12 Uhr war ein Treffen mit einer gewissen Suzanne bei Principle Management ausgemacht, dem Headquarter von U 2. Wir mußten quer durch Dublin gurken, und die Stadt schien richtig nett zu sein. Aber Augen hatte ich dafür nicht mehr. Gleich würden Bono und Co. dran sein, also Gedanken weg von den rothaarigen, sommersprossigen Schönheiten, die auf dem Bürgersteig schlenderten, und hin zu dem neuen Album. Howie B. hat es produziert, den Stamm-Producer Brian Eno abgelöst und die Songs viel dancelastiger gemacht ... Die Fakten waren im Schädel.

Unser Taxi hielt vor einer unscheinbaren Lagerhalle im Hafengelände. Die Adresse schien zu stimmen, doch ein dickes Schild »Hier wohnen U 2« war logischerweise nicht zu sehen. Christian und ich stiegen aus. Eine edle Klingel mit eingebauter Kamera deutete auf die korrekte Hausnummer hin. Wir wurden hereingebeten. Im ersten Stock der U 2-Factory wuselte ein Dutzend gutaussehender Frauen um ihre Schreibtische herum, telefonierte, faxte oder war anderweitig busy. Und alle hatten eins gemeinsam – sie kümmerten sich einen Scheiß um uns. Wir wurden in die Ecke aufs Ledersofa verfrachtet, kriegten eine Cola in die Hand gedrückt und warteten. Ich schnappte mir ein amerikanisches Magazin, das U 2 auf dem Cover hatte, überflog das achtseitige Interview und lehnte mich genüßlich zurück, weil die Amis auch nicht mehr wußten als ich. Nach einer endlosen Viertelstunde ging die Sonne auf: Suzanne trat zu uns. Sie freue sich, uns zu sehen, sagte sie, und daß wir jetzt zum Proberaum fahren würden. Das war doch was. Nach den ganzen Eulen, die uns keines Blickes würdigten, versprühte Suzanne eine Herzlichkeit, die uns wieder etwas lockerer werden ließ.

»Hey, du hast aber geile Schuhe an«, meinte sie zu mir, »Bono wird sie dir sicher abkaufen wollen.«

»Bist du sicher? Die gibt es in Köln an jeder Ecke.«

»Aber nicht hier. Also halt sie gut fest.«

Jetzt wußte ich auch, was ein light-hearted Interview ist. Meine Klamottenwahl für diesen Tag schien schon mal korrekt gewesen zu sein.

Kurze Zeit später waren wir in den heiligen Hallen angekommen. Die Proberäume von U 2 sahen von der Straße noch unscheinbarer aus als die Büros des Managements. Treppe rauf, um die Ecke und rein in die gute Stube. Muß ich extra erwähnen, daß hier bisher noch kein Kamerateam der Welt drehen durfte? Die Instrumente der Jungs wurden gerade von ihren Schergen warmgespielt: sicher Musiker, die es auch selbst in die höchste Liga geschafft hätten. Jetzt stimmten sie zum Beispiel den Baß von Adam Clayton, auch nicht schlecht. Die Atmosphäre war entspannt. Alle sagten freundlich »hi« zu uns, auch der Mann, der gerade herzhaft in sein Thunfischbrötchen biß. Aber das war doch The Edge?! Und schon wurde ich von Suzanne mit dem musikalischen Mastermind der Band bekannt gemacht.

»Hello Matthias. How are you? How was the flight?«

Light-hearted eben. Aber nicht oberflächlich. Edge war völlig charming, entschuldigte sich jedoch dafür, am Interview nicht teilnehmen zu können, da er und Adam den Kopf nur noch mit Samples voll hätten und an der Tour bastelten. Na spitze! Da flossen mir gerade mal eben gut ein Drittel meiner Fragen durch die Finger. Anstatt mit der kompletten Band durfte ich also nur mit Larry Mullen und Bono reden. Wo waren die überhaupt? Suzanne beruhigte uns. Sie meinte, Larry komme gleich und Bono etwa zehn Minuten später, er sei noch auf der Beerdigung der Tochter eines guten Freundes. Habe ich gerade beruhigen gesagt? Der Mann, der in der Branche als superschwieriger Interviewpartner gilt, der einen Journalisten mit seinen Worten zum Weinen bringen kann, wenn er ihn auf dem Kieker hat – der Typ kommt gerade von der Beerdigung eines kleinen Mädchens, und ich soll mit ihm light-hearted smalltalken? Ich will hier raus! Zu spät, da kommt Larry.

»Hi Matthias. How are you, how is the hotel?«

Ah, eine neue Eröffnung. Aber auch die war ernst gemeint, also mußte ich wohl antworten.

»Nicht so toll«, sagte ich. »Ist eben ein Best Western.« Bei den letzten beiden Worten zuckten Larrys Augen. Ihm schossen einige Gedanken durch den Kopf, das sah man ganz deutlich. Würde er mich jetzt als Moderator eines Low-Low-Low-Budget-Senders schon im Vorfeld abqualifizieren oder einfach nur ein wenig Mitleid wegen der Sparsamkeit meines Arbeitgebers haben? Ich glaube, er entschied sich für Möglichkeit zwei:

»Wir haben aber schönere Hotels in der Stadt.«

»Ich weiß, und eines davon gehört euch.«

Larry nickte lächelnd und merkte, ich kannte nicht nur die Songtitel der Band, sondern auch noch ein paar Sachen drumherum.

Es roch plötzlich nach Zigarillo. Der Chef trat durch die Tür. Bono kam so auf mich zu, wie ich ihn in den Interviewsequenzen, die ich von der Plattenfirma geschickt bekommen hatte, zuletzt gesehen habe: grüne Fidel Castro-Mütze tief ins Gesicht gezogen, Sonnenbrille und schwarzes Jackett. Und er war kleiner als ich. Aber seine Aura hatte Boris Becker-Ausmaße. Alles war still, als er den Raum betrat. Jeder war gespannt, wie er sich nach seinem unangenehmen Vormittagstermin verhalten würde.

»Ich habe in letzter Zeit tierische Kopfschmerzen. Ich leide wohl an einer Rotwein-Aspirin-Allergie.«

Auch das noch, dachte ich, na das kann ja spitze werden. Aber halt, Matti! Das war ein Scherz.

»Dann laß halt eins von beiden weg«, meinte ich. »Am besten die Aspirin.« Lachen in der Runde. O.k., wir waren im Spiel.

Wir hockten uns auf Monitorboxen, Larry in der Mitte, Bono mir gegenüber. Kamera läuft, und bitte:

»Vielen Dank, daß ihr das »Sesam, öffne dich« für uns möglich gemacht habt. Hallo Bono und Larry von U 2.«

»Wie ist dein Hotel?« sprang mir Larry schon vor der ersten Frage dazwischen.

»Och, ich glaube, es gibt angenehmere Themen als dieses Hotel.«

»Ich mag deine Schuhe«, quatschte Bono jetzt rein.

»Ehrlich?«

»Ja, sind das Bruno Maglis?«

Daß er damit die Marke meinte, die damals im O.J. Simpson-Fall eine große Rolle gespielt hatte, raffte ich erst deutlich später.

»Nicht daß ich wüßte.«

»They look like Italian fast-fuckers. But I like them.«

Schnellficker-Schuhe? Na vielen Dank auch.

Sollte ich Suzanne jetzt schon zu ihren hellseherischen Fähigkeiten gratulieren oder erst später? Die Schuhe waren der Schlüssel zum Erfolg. Wir plauderten über das neue Album, die Tour, den Druck, eine große Band zu sein – und ab und zu holte ich auch ein paar Schätze aus meinem Schädel:

»Larry, du hast vor einer Woche den Rory Gallagher Award bekommen als bester Drummer. Bei der Verleihung gab es auch Proteste von nordirischen Fans, die sich darüber beschwerten, daß ihr nicht mehr in ihrem Land auftretet. Was sagst du zu diesem Vorwurf?«

Zum einen war er erst mal baff, daß ich von diesem Preis überhaupt wußte. Unsere britische Nachrichtenagentur im Sender war also doch zu was gut. Zum anderen redeten wir jetzt auch über politische Dinge, die aber trotzdem light-hearted abzuhandeln waren. Das gefiel beiden. Und mir auch. Zum Ende hin war das Interview überhaupt nicht mehr das übliche Frage-Antwort-Spielchen, Bono quetschte mich auf einmal aus: welche Musik ich hören würde, welche Band mir gefiel und so weiter.

»Die Toten Hosen mag ich. Die waren eure Vorgruppe auf der letzten Deutschlandtour.«

»Oh ja, die sind gut«, bestätigte Bono. »Grüß mir mal Campino.«

Wo bin ich hier eigentlich? Ich sitze zusammen mit dieser Mega-Band und quatsche über die Hosen. Aber ich glaube, so haben sich das alle Beteiligten vorgestellt. Wir hatten in den letzten knapp 45 Minuten wohl die gelungene Definition eines light-hearted Interviews geliefert. Eine halbe Stunde war vorher mit Suzanne ausgemacht worden, aber Bono ließ sich nicht von einem Zeitplan beeindrucken. Er schnappte sich sogar noch die Kamera, mit der Christian Schnittbilder filmte, und rannte damit durch die Gegend. Später, als wir das Band zum ersten Mal sahen, haben wir es kaum glauben können: Er hatte Edge und Adam im Aufnahmestudio besucht. Sie haben uns einen netten Gruß in die Kamera gesprochen, und Bono filmte für uns sogar die Klos. Noch Fragen? Ja! Wer half mit beim Abbau der zusätzlichen Kameralichter? Der Frontmann persönlich. Aber nicht, weil er uns so schnell wie möglich aus seinem Heiligtum entfernen wollte, sondern weil er sich für die Akkulichter ernsthaft interessierte. Jetzt war der Tonassistent dran und mußte Bono hübsch Auskunft erteilen.

Ich bedankte mich artig bei Bono und Larry für das nette Gespräch und bekam einen verbalen Händedruck zurück: hätte ihnen sehr viel Spaß gemacht. Der Satz ist in der Branche eine gern benutzte Floskel, aber schon zwei Stunden später sollte sich rausstellen, daß er hier nicht so gemeint war. Wir schoben uns nebenan noch ein Thunfischbrötchen à la Edge vom bandeigenen Koch zwischen die Kiemen. Falls wir auf etwas Delikateres Hunger hätten, würde uns Suzanne für den Abend einen Platz im Kitchen reservieren, bot sie uns an. Das sei der Laden von Bonos Bruder, der würde dort kochen. Gebongt! Wir sagten dem Sonnenschein Suzanne »thanx« und »goodbye« und mußten uns draußen an der frischen Luft erst mal sammeln.

Das war es also, das angeblich so komplizierte Interview mit der angeblich so schwierigen Band. Einen netteren Talk als diesen hatte ich selten gehalten! Lag das nun an meinen komischen Slippern aus Antikleder oder an unserem Hotel mit Jugendherbergsformat?

Wir fuhren noch einige U 2-Gedächtnisplätze an, um ein paar zusätzliche Moderationen für unser Stundenspecial aufzuzeichnen. Vor den berühmten Windmill Lane-Studios, wo U 2 ihre Alben in der Regel einspielen, sahen die Wände aus, als hätten hier mal Take That gewohnt. Las man sich die Sprüche aber durch, stellte man fest, daß alle Liebeserklärungen nur Bono, Edge, Adam und Larry gelten – Hunderte von Metern, ganze Häuserwände voll. Zu der legendären Dubliner Schule sind wir auch gefahren, an deren Pinnwand Larry Mullen vor etlichen Jahren den berühmten Zettel aufgehängt hatte: »Suche Band, bin Drummer.« Seine Mitschüler Paul Hewson und Dave Evans meldeten sich. Später nannte sich Paul Bono und Dave The Edge. Auch in das U 2-Hotel im Herzen von Dublin haben wir einen Blick geworfen: feinster Laden, was anderes als das Best Western. Drehen durften wir allerdings nur von außen, und von dort sah es ähnlich spektakulär aus wie die Fassade des Managementbüros oder die des Proberaums. Die Jungs stehen wohl auf Understatement. Zwischenzeitlich hatten wir auch mal bei VIVA angerufen, um zu sagen, daß alles ganz glatt gelaufen war.

»Ganz glatt gelaufen?!« schrien sie durch das Telefon. Oh, Scheiße, hatte sich wohl irgendwer beschwert? »Vorhin hat Bono persönlich bei der Plattenfirma angerufen, um zu sagen, daß das eines der angenehmsten Interviews war, das er je gegeben hat.«

Diese frohe Kunde ließ mich für Sekunden deutlich größer werden als meine realen eins achtzig. Auf einmal hatte ich Durst, sogar auf Guinness. Wir zogen ein bißchen um die Häuser, nachdem wir im Kitchen lecker gespeist hatten. Doch uns blieb nicht viel Zeit, denn die haben auf der Insel ja diese merkwürdige Sperrstunde. Ab 23 Uhr gab es nirgends mehr einen Tropfen zu trinken, und im Hotel machte uns nur ein buckliger Nachtwächter auf, der selber eine Fahne von hier bis Mallorca hatte, uns aber kein Bier mehr zapfen wollte. Die ganze Hotellobby und dieser senile Portier erinnerten mich irgendwie an den Film *Der Club der toten Dichter*, wobei wir vier nach diesen zwölf Stunden eher aussahen wie der Club der dichten Toten.

Keine drei Monate später, ich weilte gerade in Hamburg und hatte Aufzeichnungen für eine gewisse Spaßmachersendung auf RTL2, bekam ich von VIVA einen Anruf: übermorgen ab nach New York! U 2-Interview nach ihrem Gig im Giants Stadium. Am nächsten Tag zurück nach Hamburg. Ich hatte Freitag abend um 22 Uhr 30 Drehschluß in der Hansestadt und saß am Samstag um 6 Uhr 30 bereits im Flieger Richtung JFK. U 2 hatten ihre *PopMart*-Tour vor einigen Wochen in Amerika gestartet, und bald standen ihre Europa-Konzerte auf dem Programm. Man konnte also noch mal kräftig die Werbetrommel rühren, denn die Tickets waren in Deutschland noch nicht ganz vergriffen. Christian war natürlich wieder mit von der Partie und schon vorgeflogen. Gegen Mittag landete ich in N.Y. und hatte dabei ein ganz merkwürdiges Gefühl. Zum einen freute ich mich absolut über die Reise, zum anderen hatte ich aber auch gehörigen Schiß – falls das Interview nicht den Standard von Dublin halten würde, hätte ich meine Lieblingsstadt immer in schlechter Erinnerung. Quatsch nicht, wird schon werden! Nur der Jetlag war natürlich nicht zu verachten. Freitag hin, Sonntag zurück, Montag wieder fünf Sendungen aufzeichnen. Egal, ausspannen kann man auch noch, wenn man fünfzig ist.

Die gute Nachricht war: Wir wohnten nicht im Best Western. Unser Hotel lag direkt am Madison Square Garden, mit Blick aufs Empire State Building. Ich hatte allerdings kaum Zeit, den Ausblick zu genießen. Aus dem Taxi vom Flughafen ging es nur kurz rein ins Hotel, um Christian mit dem Kamerateam zu treffen und kurz zu duschen, danach sofort ab zum Konzert. Das Open Air fand in New Jersey statt, der City westlich von New York, auf der anderen Seite des Hudson Rivers. Luftlinie sind das nur etwa zehn Kilometer, aber Manhattan erstickte gerade. Alle Straßen waren verstopft, und wir hatten mal wieder eine Treffpunkt-Deadline im Nacken. Eine knappe Stunde später bogen wir auf den riesigen Parkplatz vor dem Stadion ein. Tausende Amis grillten vor ihren Pick-ups fette Würstchen und machten erst mal ein zünftiges Barbecue, mitten im Abgasmief der Blechlawine. Irgendwie scheinen die US-amerikanischen Bürger immer nur an Nahrungsaufnahme zu denken.

Bis wir unsere Pässe hatten, mußte man zwar circa dreiundzwanzigmal um das Gelände latschen, aber ich war dankbar für so viel Bewegung. Ohne wäre ich wahrscheinlich schon vor dem Konzert eingepennt. Seit zwanzig Stunden war ich jetzt auf den Beinen. Vor dem Stadion war ein VIP-Bereich aufgebaut worden, mit rotem Teppich davor. Man erwartete wohl einige New Yorker Promis, denn immerhin war das hier das erste von drei ausverkauften Konzerten im Giants Stadium, dem Heim der gleichnamigen Baseball-Truppe. Aber es zeigte sich immer dasselbe trostlose Bild: Die Zaungäste vermuteten bei jeder Figur, die mit einem VIP-Ausweis um den Hals über den Red Carpet stolzierte, eine Berühmtheit. Die Kameras surrten und klickten, aber die Gesichter hatte noch niemand vorher gesehen. Es kamen weder Soap-Opera-Stars noch drittklassige Nachwuchsmusiker. Das kann doch wohl nicht wahr sein! Ich bin hier in New York, da muß doch mal ein Model vorbeigucken ... Jetzt aber genug!

Nach Schönheiten Ausschau halten konnte ich eh nicht mehr, wir mußten ab ins Stadion. Mit den Backstage-Pässen durften wir hinter der Bühne rein. Einmal um die Kurve, und da stand sie. Wahnsinn. Die größte Videoleinwand der Welt, davor ein dreißig Meter hoher halbierter McDonalds-Bogen, an dem die gesamte Beschallung in Form einer Kokosnuß hing; auf der rechten Seite eine zehn Meter hohe Zitrone mit einem Cocktailspieß, der in den schwülen Abendhimmel piekste, die Luft aber leider nicht zum Platzen brachte. Nicht schlecht, meine Herren! Ziemlich beeindruckt lehnte ich vorne im Graben an der Absperrung und hörte mir an, was Howie B. auf der Bühne so auflegte. Das war ein Bild für die Götter, dieses kleine Männlein mit der Mütze verlor sich glatt auf der hundert Meter breiten Gigantenbühne. Vor ihm drehten sich nur zwei einsame Plattenspieler.

Das Haus war mit 80.000 Zuschauern rappelvoll, eine sehr geniale Kulisse. Die Fun Lovin' Criminals als Vorband hatten wir verpaßt, aber wir waren auch nicht wegen Götterspeise hier – wir wollten Mousse au Chocolat. Was Leckeres kam dann auch tatsächlich des Weges. Auf einmal spazierten Helena Christensen, Naomi Campbell und Eva Herzigova an mir vorbei. Als ich fähig war zu schlucken, gab es mit Björk, Prince und Steve Baldwin noch einen satten Promi-Nachschlag. Da kamen sie also doch noch. Warum nur sind Models immer mindestens eins fünfundachtzig? Helena ist viel zu groß für mich, das kann ja nicht gut gehen mit uns! Als ich mir dann aber Prince noch mal genauer betrachtete, war meine schlechte Laune schnell verflogen. Praktisch unerkannt setzten sich die Laufsteg-Queens auf die VIP-Bühne und mampften ihr Popcorn. Helena trug einen ausgebeulten Schlapphut, Naomi ein Trägerkleidchen im H&M-Style und Eva ein gammeliges T-Shirt (das zur Begründung, weshalb die Massen nur die Eisverkäufer wahrgenommen hatten, nicht aber die Lagerfeld-Beauties).

Auf einmal ging das Licht aus. Aus den Boxen dröhnte »Popmuzik« von M, und die Gladiatoren erklommen über die B-Stage, die sich wie eine Boa in die rechte Innenraumhälfte schlängelte, die Hauptbühne. Bono lockerte sich durch Schattenboxen mit der Krankamera, und Edge stimmte den Opener an: »Mofo«, eines meiner Lieblingslieder vom neuen Album. Ich hatte eine Gänsehaut. Nicht allein wegen der Musik; mir wurde plötzlich klar, welcher Film hier gerade lief. Vor 24 Stunden war ich noch im naßkalten Deutschland, jetzt befand ich mich im frühlingshaften New York, direkt hinter meinem Rücken kauten Supermodels auf Maiskörnern rum – und fünf Meter vor mir legten gerade U 2 die heftigste Show hin, die ich bisher gesehen hatte. Ich hätte das Glücksgefühl gerne noch weiter an dieser Stelle genossen, aber plötzlich kam ein Schrank von einem Kerl auf uns zu und meinte, wir sollten doch mal auf unsere Plätze gehen. Kein Problem, du, das machen wir doch sofort. Zumal für uns eine Skybox reserviert war, mit Sesseln und Fensterplätzen ausgestattet. Falls mal ein Lied kam, das nicht zu unseren persönlichen Favoriten gehörte, schoben wir einfach die Scheibe zu. Das einzige Problem war: Es gab nichts zu trinken. Mit dem ersten Schluck Bier wollte ich eh bis nach dem Interview warten, aber eine Coke wäre schon nicht schlecht gewesen.

Zwei Stunden später – nachdem (unter anderem) die Zitrone durch Metamorphose zu einer Discokugel geworden war, aus der die Band wie aus einem Ei schlüpfte – klebte mir zwar die Zunge am Gaumen, aber ich war noch aus einem anderen Grund sprachlos. Wie U 2 trotz all des Aufwandes eine Show zum Anfassen zelebriert hatten, war schon eine Rakete wert. Nach dem Vergnügen rief aber jetzt erst mal die Arbeit. Per Funk wurde unser Team vor die Bühne abkommandiert. Mit etwas Puder im Gesicht versuchte ich, meine nicht mehr zu verbergenden Augenringe wenigstens etwas zu kaschieren. Die Erfolgsquote lag bei schlappen vierzig Prozent. Als das Stadion dann komplett leergefegt war und die Fans sich draußen wieder auf ihre Barbecue-Reste stürzten, guckte die Band um die Ecke. Frisch geduscht und sichtlich entspannt.

»Hi, Matthias, schön, daß du da bist«, begrüßte mich Edge, der sich diesmal übrigens nicht vor dem Interview drückte. Auch Adam war dabei. Larry und Bono kamen als letzte.

»Hey, du bist nur für uns mal eben über den großen Teich gejettet?« fragte Larry.

Sie wußten ziemlich genau Bescheid, und jetzt sah ich auch, warum: Suzanne kam hinter der Zitrone hervor, mit ihr hatten wir mal wieder alles telefonisch abgeklärt. Meine anfängliche Angst im Flughafen-Taxi war total unbegründet. Das Gespräch verlief trotz Schlafdefizits genauso locker und harmonisch wie das im Februar –

diesmal allerdings mit allen vieren, und das machte es zu was Besonderem. Sie erklärten mir die Bühnentechnik, versuchten den Kick zu vermitteln, den man kriegt, wenn 80.000 Menschen einem zujubeln, und gaben zu, sich sehr auf Europa zu freuen, denn dann würden die richtigen Konzerte starten.

»Wieso?«

»Na, weil dort der Innenraum nicht bestuhlt ist. Da kämpfen sich die richtigen Fans nach vorne in die erste Reihe«, begründete Adam.

Stimmt, in Amiland stellen die ja wirklich bis zum Bühnenrand kleine Klappstühlchen auf, damit auch alles seine Ordnung hat. Edge holte mich kurzzeitig auf den Boden der Tatsachen zurück und erinnerte mich daran, daß in diesem Stadion die Deutschen bei der Weltmeisterschaft 1994 gegen Bulgarien ausgeschieden waren. Oh, fuck! Das hatte ich total verdrängt. Wir standen fast genau an der Stelle, die Bodo Illgner damals zum Verhängnis wurde. Hier verlor der kleine Icke Häßler sein Kopfballduell gegen »Glatze« Letchkov. 1:2, ihr könnt nach Hause fahren! Ich versuchte schnell einen Themenwechsel, ohne völlig den Faden zu verlieren.

»Bleiben wir bei Deutschland: Wer wird da eure Vorgruppe sein?« Ein (wie ich fand) guter Schachzug, denn damit hatte ich gleichzeitig einen Auftrag von Smudo erfüllt. Der Mikrofon-Professor der Fantastischen Vier hatte mich nämlich kurz vor meiner USA-Exkursion angerufen, um mir diese Rechercheaufgabe auf den Weg zu geben. Die Fantas waren schon seit Anfang des Jahres als Vorband für Germany im Gespräch, aber es hatte sich nichts Konkretes ergeben. Als weder Larry noch Adam, Edge oder Bono mit der Antwort rausrücken konnten, legte ich noch einen drauf:

»Wollt ihr nicht mit den Fantastischen Vier spielen, die hätten Bock.«

»Na wenn das so ist«, meinte Bono plötzlich, »dann kann ich es ja jetzt der Welt bekanntgeben. Unser Support in Deutschland sind die Fäntati..., die Fastäti...«

Beim dritten Anlauf hatte er den für einen Iren zugegebenermaßen schwierigen Bandnamen drauf:

»Die Fantastischen Vieeer!«

Cool, damit hatten wir um 1 Uhr Ortszeit N.Y. richtig stramme

News aufgetan. Wir plauderten noch ein wenig über Bonos Gitarrenkunst, die von dem Rest der Band des öfteren etwas belächelt wird, und er fragte mich nach meinen musikalischen Fähigkeiten.

»Oh, ein bißchen Klavier kann ich. *Für Elise* und all den Kram. Aber eher drittklassig.«

»Das würde reichen für diese Band«, meinte Bono.

Ihr merkt, das Interview war mal wieder light-hearted. Sogar mehr als das. Sie luden uns ein, noch was mitzutrinken, und als wir durch die Katakomben schlenderten, standen auch schon die Models vor der Garderobe. Und wißt ihr was? Uns war das alles nicht ganz geheuer, wir fühlten uns etwas deplaziert. Deshalb sagten wir artig »Tschüs, bis bald« und verdufteten. Ich hatte vor lauter Vorfreude auf eine Schlafgelegenheit nichts dagegen. Ein nicht wieder gutzumachender Fehler, ich weiß!

Am nächsten Morgen stand ich um 6 Uhr senkrecht im Bett und war topfit. Logisch, in Deutschland war es schon Mittag. Ich weckte Christian, das heißt, ich versuchte es. Zwei Stunden später standen wir auf dem Observation Deck des Empire State Buildings. Wir hockten uns in die Sonne, amüsierten uns über die Fotofetischisten aus Fernost und über den gestrigen Tag. War doch alles perfekt gelaufen, warum sind die nur so nett?

Das amtliche New-York-Programm (Turnschuhe kaufen und Hot dog essen) war noch im Zeitlimit, und gegen 18 Uhr fand ich meinen Platz im Flieger. Na spitze, in der Mittelreihe der Maschine, die fieseste Sitzgelegenheit überhaupt. Links quetschte sich ein fülliger Amerikaner neben mich und rechts eine üppige Deutsche. Ich kam mir vor wie das Hot-dog-Würstchen, das ich vor einer Stunde verdrückt hatte. Nun blieb mir für die kommenden sechs Stunden Flug nur die Wahl zwischen Durchmachen oder Komaschlaf. Ich erinnerte mich an die anstehenden fünf Sendungen für meinen Hamburger Arbeitgeber, trank eine 0,4er Flasche Rotwein auf ex, setzte eine dieser kleidsamen Schlafbrillen auf die Augen und machte der Stewardeß unmißverständlich klar, daß ich von dem sicher delikaten Abendessen keinen Bissen haben und bis Frankfurt nicht geweckt werden wollte.

Über die Wochenendgestaltung vom 18. bis 20. Juli '97 konnte ich nun wirklich nicht meckern. Am Samstag war ich Gast auf dem Bökelberg in Mönchengladbach, um mich im Originaltrikot für die neue VIVA-Autogrammkarte ablichten zu lassen; am Sonntag hatte ich an gleicher Stelle die Saisoneröffnung moderiert und vor der prallgefüllten Nordkurve einen Elfer versenkt, wenn auch erst im zweiten Anlauf. Die gute Laune hatte ich mir aber bereits am Freitag abgeholt:

Die U 2-Karawane war weitergezogen und hatte Europa erreicht, hier sollte der Kick-off in Rotterdam stattfinden. Ein drittes Special über diese Band innerhalb eines knappen Vierteljahres wäre wohl etwas zuviel gewesen, deshalb hatte ich von VIVA die lösbare Aufgabe erhalten, die halbstündige Live-Übertragung aus dem Feyenoord-Stadion anzumoderieren. Christian war leider angeschlagen, deshalb mußte ich mit Guido die Autofahrt nach Holland antreten. Ein Köln-Fan, der meine Vorfreude auf das Wochenendprogramm nur bedingt teilen konnte.

Im Hotel, in dem auch die Band samt Crew abstieg, mußten wir uns erst akkreditieren lassen und wurden dann von dort mit einem Shuttle ins Stadion kutschiert. Die restlichen Journalisten im Bus schienen einen Hauch konservativer veranlagt zu sein, denn ich wurde mit meiner duftenden McDonalds-Tüte, in der sich meine Lieblingsspeisen – ein Hamburger, ein 6er Chicken süß-sauer und eine kleine Pommes – tummelten, schief angeguckt. Noch nie Hunger gehabt? Vor Ort kam mir alles ähnlich merkwürdig vor wie meine Mitfahrer zuvor. In einer Skybox, wieder mit Sessel und Fensterplatz, war ein üppig ausgeleuchtetes Studio aufgebaut. Das *PopMart*-Logo klebte an den Wänden, die Bühne war im Hintergrund gut einzusehen, und Kameraleute standen schon vor dem Ledersitzplatz im Anschlag. Außerdem drängelten sich hier insgesamt fünfundzwanzig Moderatoren der Sender, die einen 30minütigen Ausschnitt des ersten Europakonzerts der aktuellen U 2-Tour zeitversetzt ausstrahlen wollten. Nach und nach wurden sie durch das Sky-Studio geschleust, jeder hatte fünf Minuten, um eine sendefähige Anmoderation aufzunehmen. Für einige war das zu viel, für manche deutlich zu wenig Zeit. Wer keinen vor Ort schicken wollte, konnte auch auf eine neutrale Moderatorin zurückgreifen –

eine blondgefärbte Britin, die aussah wie die Schwester von Doro Pesch, aber sehr nett und kompetent war.

Nach nervtötender Warterei von mehr als drei Stunden war ich endlich an der Reihe: kurz meinen Text aufgesagt, mit VIVA telefoniert, ob auch alles über Satellit angekommen war, und ... Wiedersehen. Um Punkt 23 Uhr sollte mein Sprüchlein in Deutschland zu sehen sein und danach die Band, wenn alles im Zeitrahmen wäre mit den Songs »Discothèque«, »With Or Without You« und »Staring At The Sun«. Mein Part war also erledigt, nach ganzen neunzig Sekunden. Auf der Tribüne verfolgte ich genüßlich den Auftritt und wunderte mich, daß U 2 die Show im Vergleich zu Amerika ziemlich umgestellt hatten. Es wurden längere Akustikpassagen eingelegt, und die Setlist war kräftig durcheinandergewirbelt worden. Schön zu sehen, daß in dieser riesigen Produktion noch Platz für Spontanität war.

Nach dem Gig wurden die Moderatoren und Redakteure von Rai Due, TV Polska, Portugalos Television und wie sie alle hießen in einen flüchtig hergerichteten Raum gepfercht und sporadisch mit Getränken versorgt. Ich wollte mich schon gerade aufregen über diese Kantinenbewirtung, als sich plötzlich meine Mailbox meldete. Meine Freundin war zu hören: Es tue ihr wahnsinnig leid, daß das eben so blöd gelaufen sei im Fernsehen. Was zum Teufel war denn schiefgegangen? War es etwa zu schwer für VIVA, meinen 30-Sekunden-Aufsager vor das Konzert zu heften? Ja! Nachdem ich meinem mitgereisten Redakteur von dem merkwürdigen Anruf meiner Freundin erzählt hatte, klingelte der in Köln unseren Chef vom Dienst aus dem Bett und wollte hören, was da los gewesen sei. Wir waren hier für einen Minutenauftritt hochgejuckelt – und der schien auch noch umsonst gewesen zu sein. Was war passiert?

Vor der Satellitenübertragung hatte der Doro Pesch-Verschnitt seinen Auftritt. Alle schlauen Sender, die ihren eigenen VJ vor Ort hatten, konnten an genau dieser Stelle dessen Anmoderation einspielen. Das hört sich schwieriger an, als es war, in Köln war es aber für einige Menschen noch schwieriger, als es sich anhört. Bei der Ausstrahlung war zuerst ich zu sehen, als aber mein Name eingeblendet werden sollte, hatte man am Mischpult die falsche Quelle gedrückt, und plötzlich schob sich Frau Pesch mit dem Schriftzug

»Matthias Opdenhövel« ins Bild. Meine Stimme war zu hören, mein Name zu lesen, und sie war zu sehen. Gute Arbeit!

Perfekt gelaunt standen wir beiden Angefressenen im modernsten Stadion Europas und wünschten uns, holländische Techniker würden bei VIVA arbeiten, als gerade noch zum richtigen Zeitpunkt die Sonne wieder aufging. Das heißt, erst ging sie unter, denn ich sah plötzlich nichts mehr. Jemand hielt mir von hinten die Augen zu. Es war Suzanne. Sie hatte mich schon überall gesucht, wollte wissen, wie die Übertragung gelaufen war, wo Christian sei und ob ich nicht den Jungs »hello« sagen wolle. Zu Frage eins fiel mir nur die Notlüge »Ich glaube, ganz o.k.« ein, zu Frage zwei »Der hat was mit dem Magen und war sogar kurz im Krankenhaus« und zu Nummer drei »Aber klar, gerne«. Die letzten beiden Antworten entsprachen der absoluten Wahrheit.

Suzanne und ich kämpften uns durch bandwurmartige Gänge und landeten plötzlich im Kabinentrakt der Band. Adam plauderte mit einem britischen Journalisten und freute sich, mich zu sehen, genau wie Edge. Larry war leider schon im Hotel, doch dafür war Bono, wie schon in New York, ganz angetan von meinem Outfit. Ich wußte gar nicht, warum, ich trug eine beigefarbene Kunstlederjacke, die eigentlich für Frauen war, allerdings ziemlich groß ausfiel. Auch die Stylistin von U 2 war begeistert. Sie mußte sich von Suzanne allerdings die Frage anhören, warum ich immer cooler aussehen würde als die Band. Ein guter Lacher, der meine überflüssige Arbeit zuvor für kurze Zeit vergessen ließ. Bono nannte mich fortan nur noch den »sharp dressed man« und machte mir vorsichtshalber klar, daß das hier alles seine Chicks seien, von denen ich ja die Finger lassen solle.

Wir amüsierten uns prächtig und tranken lecker Amstelbier. Die Kabine drohte fast zu platzen. Skunk Anansie waren da, die für einige Europagigs als Vorgruppe engagiert waren, Freunde aus Dublin und auch »Doro Pesch« – was machte die denn hier? Schon war meine Laune getrübter, denn sie brachte mir das Dilemma von vorhin schnell wieder ins Bewußtsein. Doro hieß eigentlich Sarah und arbeitete für die BBC, sie kannte die Band schon jahrelang und war wirklich sehr witzig. Die Mädels wollten mit einem Mal zocken. Suzanne, Sarah und einige andere waren daran interessiert, wie groß Bonos Bizeps ist. Der Frontmann trug auf der Bühne nämlich dieses geniale Muskel-T-Shirt, das seinen kantigen Körperbau nicht schlecht betonte. Die Tips waren 12, 14, 15 und 16 Inch. Auch ich sollte meine Schätzung abgeben. Warum ich eigentlich? Bin ich ein Mädchen? Oder lag es an meiner femininen Jacke? Ich hoffte, um keine Komplexe zu bekommen, daß es nur 11 Inch seien. In der Naßzelle wurde abgemessen: Der Armumfang von Mr. U 2 betrug etwa 13 Inch, also gut 33 Zentimeter.

Obwohl der Abend immer lustiger wurde, blieben weitere Nachmessungen aus. Doch eine Sache mußte ich noch loswerden. Ich erzählte Bono von dem tödlichen Unglück beim tausendsten Tote Hosen-Konzert, und er war sichtlich geschockt. U 2 hatten vor etlichen Jahren in den USA einen ähnlichen Fall erlebt, und Bono konnte nachempfinden, wie sich die Düsseldorfer danach gefühlt haben mußten. Er hoffte, die Jungs bei einem der Deutschland-Auftritte treffen zu können.

Als mir einfiel, daß ich ja nicht alleine hier war, sondern meinen Redakteur vor etlichen Stunden irgendwo abgestellt hatte, verabschiedete ich mich schnell und war plötzlich nüchtern vor schlechtem Gewissen. Mit blaugefrorenen Fingern wartete er draußen am Hintereingang und war verständlicherweise leicht angenervt. Fünfmal hatte er mich angerufen.

»Sorry, Guido, aber ich habe die Schmach erfolgreich verdrängen können. Es war recht amüsant da drin.«

»Schön für dich, bei mir weniger.«

Eine Band hat es wohl geschafft, wenn sie mit einem eigenen Jet durch die Gegend düsen kann. U 2 hatten keinen Jet, sondern eine fette Boeing mit *PopMart*-Logo auf dem Heckflügel. So stilvoll landeten sie am letzten Juli-Wochenende '97 auf dem Flughafen Köln-Bonn, bereit für das erste Deutschlandkonzert ihrer Tour. Die Plattenfirma hatte mir mitgeteilt, daß man sich freuen würde, wenn ich die Band am Flughafen in Empfang nehmen würde. Was war das für eine Aktion? Als ich hörte, daß eine ganze Menge Journalisten und Kamerateams geladen waren, war ich beruhigt. Kurz vor knapp fand ich mich am verabredeten Terminal ein, und wir fuhren mit einer enormen Security-Delegation auf das Rollfeld. Die Maschine war schon da, die Tür aber noch verschlossen. Dann traten sie staatsmännisch heraus: Edge mit seinem Cowboyhut, den er während der ganzen Tournee kaum absetzte, Larry und Bono in legeren Lederjoppen und Adam mit dem hellblauen Schlapphut, den er bereits in Dublin, New York und Rotterdam getragen hatte.

Es wurde zwar keine Nationalhymne gespielt, aber die Journalisten-Front sollte trotzdem abgeschritten werden, so war es geplant. Links außen standen die Kollegen von der ARD, dann die von ZDF, RTL, SAT 1, PRO SIEBEN, etliche Radioreporter und am Ende mein kleiner Hi-8-Kameramann und ich. Die Reihenfolge ergab sich zwar zufällig, hatte aber eine gewisse Aussagekraft. Um so erstaunter war die Medien-Meute, als Bono von der Gangway schnurstracks auf mich zukam, mich umarmte und anfing, mit mir zu plaudern. Der Popelsender hatte unverschämterweise einen guten Draht zu den Weltstars. Auch die anderen drei sagten mir »hello«, bevor sie von einer Pressetante zum Anfang der Reihe geführt wurden. Jeder durfte zwei Fragen stellen, aber auf keinen Fall die Absperrung übertreten. Als ich dran war, sprang ich einfach zu den Jungs rüber und talkte satte drei Minuten mit ihnen.

Bono setzte sich anschließend auf den Elektrowagen, mit dem normalerweise die Koffer transportiert werden, und wollte damit ins Hotel fahren. Man ließ ihn ein paar Meter chauffieren, bis er von selbst auf die Idee kam, doch lieber den klimatisierten Mercedes zu nehmen, der schon mit laufendem Motor wartete. Vor dem Flughafengelände hatten sich ein paar gut informierte U 2-Fans versammelt, um mit einem Plakat ihre beste Band der Welt zu begrüßen. Die meisten Musiker heben in so einer Situation gerade mal die Hand und brausen davon. Nicht so die kontaktfreudige Band aus Irland. Bono stoppte die Limousine, stieg aus, schüttelte den perplexen Anhängern die Hände, ließ sich brav fotografieren und gab fleißig Autogramme.

Ähnlich gut gelaunt traf ich ihn einen Tag später im Backstage-Bereich am Butzweiler Hof. Auf diesem ehemaligen Militärflughafen stand jetzt die Megabühne, für deren Auf- bzw. Abbau jedesmal etwa drei Tage draufgingen. Bono tänzelte mit Edge durch die Zeltstadt, und beide waren ähnlich begeistert wie ich von dem Klasse-Auftritt der Fantastischen Vier. Die Sonne war noch lange nicht untergegangen, als ich die vertrauten Klänge von »Popmuzik« vernahm. Das erste Viertel der Show fand leider bei Tageslicht statt, was die Wirkung der monströsen Videoleinwand etwas beeinflußte, unsere Stimmung auf der Tribüne aber weniger. Ein VIVA-Familientreffen war es geworden. Wir sangen und tanzten – nur meine Freundin bekam nichts vom Konzert mit, da ihr Radiosender die Show live übertrug und sie malochen mußte. Aber zur Trauer gab es keinen Anlaß, denn schließlich sorgte der Auftritt des gesamten Kelly Family-Clans für allgemeine Heiterkeit. Mit kleinen Golfwägelchen wurden sie zur VIP-Tribüne kutschiert, und selbst Papa Dan war anwesend (aber ich glaube, nur körperlich). Da hatte Luciano Pavarotti schon mehr Stil, er erreichte das Gelände per Hubschrauber.

Die Show war wieder einmalig. Nach dem Konzert traf ich Suzanne, die Christian, mich und meine Freundin zu Bono in die Garderobe schickte, wo der Held mit Smudo saß. Beide waren begeistert voneinander. Bono hängte mir schließlich an, daß ich mit meinen Klamotten immer nur auf Weiberjagd ginge, worauf ich ihm sagte, daß ich Alex bald heiraten würde.

»Den willst du heiraten?« redete er meiner Freundin ins Gewissen, »der hat doch Mundgeruch.« Iren haben schon einen deftigen Humor.

Die Flitterwochen würden wir übrigens gerne in Irland verbringen, ließen wir Bono wissen.

»Ruft an, ihr seid unsere Gäste, wenn ihr in Dublin seid«, lud er uns ein. »Wir haben da ein schönes Hotel.«

»Ich weiß, im Best Western-Standard«, konterte ich. Tja, Bono, 1:1.

Als die nicht sehr üppigen Bierreserven verbraucht waren, mußte Bono zu einem letzten Interviewtermin und wir nach Hause. Vorher trafen wir noch Larry Mullen, den ich ja seit New York nicht mehr gesprochen hatte. Er kam aus seiner Kammer und hatte kleine Striemen auf der Stirn. »Gesichtsmassage mit ätherischen Ölen«, verriet er uns. Deshalb sah er also immer noch so jung aus wie zu Zeiten der Bandgründung – ein Phänomen, das besonders meiner Freundin immer imponiert hatte. Aber dafür litt Larry an anderen Gebrechen. Sein Rücken sei sehr anfällig, sagte er, doch er sei in besten Händen.

Er habe einen guten deutschen Arzt gefunden, Boris Becker hätte ihm den empfohlen.

»Du kennst Boris?« stammelte ich. Larry wurde mir immer sympathischer.

»Ja, der Boris ist ein Netter. Der hat mir Dr. Müller Wohlfahrt ans Herz gelegt.«

Larry outete sich bei der Gelegenheit als großer Tennisfan und Becker-Anhänger, was unseren Nach-Hause-Marsch um einiges verzögerte.

Wir scharrten schon etwas ungeduldig mit den Füßen auf dem zusammengenagelten Bretterpfad, der im Industriegebiet Köln-Ossendorf unseren VIP-Empfangsbereich definieren sollte. Christian und ich hatten bei der VIVA-*Comet*-Verleihung die nette Aufgabe erhalten, uns ein wenig um die absoluten Stargäste des Abends zu kümmern: U 2 hatten ihr Kommen angekündigt. Daß sie uns nicht im Stich lassen sollten, verhieß uns eine penible Vorhut, die schon zwei Stunden früher das komplette Award-Gelände durchgecheckt und die genaue Strecke vom Auto bis zur Garderobe festgelegt hatte. Über die Holzbohlen durch den Catering-Bereich in den Umkleidetrakt. Das sei der optimale Weg, meinten die irischen Securities – eine großartige Alternative gab es auch gar nicht. Unser Chef Dieter Gorny gesellte sich zu mir. Er sei sehr gespannt und ein großer Fan der Band, gestand er. Ich nahm ihm das ab, denn er war eine Ecke nervöser als wir. Ob ich sie ihm nachher mal vorstellen könnte, fragte er mich, und überhaupt, daß U 2 zur *Comet*-Party kommen würden, verdanke man ja fast ausschließlich mir. Hoppla, das war das längste Gespräch, das er jemals mit mir geführt hatte!

Und dann kamen sie endlich, in drei dicken Autos. Die Band fiel uns um den Hals, und auf den vorgeschriebenen Schritten zur Kabine sang Bono kräftig »Wannabe« von den Spice Girls mit, die gerade auf der Bühne ihren Song präsentierten. Mein Chef und seine Arbeitgeber, die Bosse der Plattenfirmen, trotteten artig hinterher. Mist, ich hatte das Vorstellen vergessen! Es wurde in der Vier-mal-vier-Meter-Zelle, die sich Garderobe schimpfte, nachgeholt. Ein gewisser Platzmangel im Backstage-Bereich ließ sich nicht leugnen. Das schien der Band entweder nicht viel auszumachen, oder aber alle vier waren höfliche Schauspieler. Christian und mir war es einfach nur peinlich: Was die Jungs auf der Getränkeliste gefordert hatten, die uns von der Insel durchgefaxt worden war, fand sich zwar auf dem Tischchen neben den Plastikblumen wieder, aber der Wodka war warm und der Tee kalt.

Wir feilten mit Bono noch an seiner deutschen Aussprache, denn er hatte sich als Danksagung für den *Cometen*, den U 2 natürlich in der Rubrik »Beste internationale Band« erhalten würde, einen kleinen Seitenhieb auf den Laudator ausgedacht. Wir hatten ihm gesteckt, daß Düsseldorfer und Kölner nicht unbedingt die besten Freunde am Rhein sind. Das nahm er zum Anlaß, Campino, der den Preis überreichte, auf der Bühne eine kurze Frage zu stellen:

»Du bist doch Düsseldorfer, oder?«

Der verdutzte Hosen-Sänger stammelte:

»Ja, wieso?«

Und dann holte Bono zum verbalen Knockout aus:

»Ich bin ene kölsche Jung!«

Ein korrekter Brüller, der Campi überraschenderweise verstummen ließ. Bono hatte alles richtig gemacht. Christian, Dieter und ich hatten ihn vorher auf die beiden Schlüsselbetonungen »bin ene« und »kölsche« genauestens hingewiesen, und der sprachbegabte Schüler hörte sich auf der Bühne an wie ein Getränkeverkäufer aus der Südstadt. Fast wäre der Auftritt aber in die Hosen gegangen, denn Adam drückte just in dem Moment die Blase, als Campi ans Rednerpult gebeten wurde. Mr. Clayton blieben etwa fünfzehn Sekunden zum Pinkeln, und er schaffte es sogar, noch vor der Zeit wieder da zu sein. Wie? Fragt mich nicht. Wir hatten die notdürftigen Dixi-VIP-Klos nicht vor den Popstars verheimlichen können. Emma von den Spice Girls war weniger tolerant als der U 2-Bassist. Sie weigerte sich, die spartanische Sanitäranlage zu betreten - ihre Lösung des Problems wurde uns aber nie bekannt.

Nachdem Edge noch einen Frontalangriff meiner Kollegin Daisy Dee über sich ergehen lassen mußte (»Hi, I just want to say hello, I'm a fan!« – »Is she crazy, Matthias?« ... Antwort bleibt geheim), zogen die müden *PopMart*-Krieger auch schon wieder ab. Meine Freundin bekam aber noch ein Live-Interview mit Bono fürs Radio, in dem wir ausufernd über die Vorzüge des deutschen Bieres und meine Hemdenkollektion sprachen. Und weil sich Alex nicht davon verunsichern ließ, daß wir ihr ständig reinquatschten, kriegte sie anschließend einen Kuß von mir. Von Bono auch. Ich brachte die Jungs zum Wagen (immer auf dem vorgeschriebenen Weg), als sich der U 2-Frontmann schnell noch von Christian verabschiedete.

»Geht es dir eigentlich wieder besser? Ich habe gehört, du warst im Krankenhaus.«

Christian war aufgrund dieses aufmerksamen Interesses an seiner Magenverstimmung sichtlich schockiert.

»Mit wem hast du gesprochen, mit meiner Mutter?«

Da soll noch mal einer sagen, Popstars seien oberflächlich. Larry lud uns ein, im Schloßhotel in Bergisch Gladbach ein bißchen mitzufeiern, doch auf der *Comet*-Party hatte ich noch etwas länger anwesend zu sein.

»Schade, sehen wir uns noch mal auf der Tour?«

»Ich weiß nicht, wo seid ihr denn nächstes Wochenende?«

»Ich glaube, da haben wir die beiden Wembley-Gigs.«

Das hätte nicht besser passen können! Meine Freundin wollte schon so lange mal wieder nach London, und außerdem hatte sie die Show in Köln ja gar nicht richtig verfolgen können.

»Ich melde mich bei Suzanne, vielleicht kommen wir ja.«

Da ich Ankündigungsminister hasse, setzte ich die Planung in die Tat um und flog mit Alex am Samstag, dem 23. August in die englische Hauptstadt. Das heißt, ich flog von Hamburg und sie von Köln. Und um ein Haar wäre der nette Wochenendtrip für mich schon vor dem Flug zu Ende gewesen. Zwar hatte ich nur eine kleine Reisetasche dabei, doch entgegen meiner Vermutung konnte die nicht als Handgepäck durchgehen und mußte im Bauch des Fliegers verstaut werden. Na ja, egal, ist sowieso nichts drin, was ich auf dem Flug brauche. Außer vielleicht meinem Paß! Das fiel mir aber erst ein, als ich schon bei dem freundlichen Mann hinter der Scheibe angekommen war. In meiner Not zog ich meinen seit etwa einem halben Jahr abgelaufenen Personalausweis aus dem Portemonnaie und versuchte, mich so unauffällig wie möglich zu verhalten.

»Das ist doch wohl ein schlechter Scherz, oder?«

Toll, er hatte das Ablaufdatum gesehen – kein Wunder auch, dafür saß er ja schließlich da. Doch er erkannte mich und gab mir wieder Hoffnung, als er meinte, gleich um die Ecke könne man sich einen provisorischen Reisepaß ausstellen lassen. Wenn ich mich beeilen würde, könnte ich es noch schaffen. Ein älterer Bundesgrenzschutzbeamter notierte sich in Seelenruhe meine Personalien und verlangte dann 15 Mark.

»Hier!«

»Nein, passend, ich habe kein Wechselgeld.«

Jetzt drehte ich völlig durch. Ich hoffte, gleich würde Tommy Ohrner seine blöde versteckte Kamera rausholen und sich zu erkennen geben. Aber weder er noch Fritz Egner war zu sehen, deshalb wuchs meine Panik. Ich rannte zum Zeitungskiosk und wollte einen Fünfzigmarkschein wechseln.

»Bin ich 'ne Wechselstube? Ohne Zeitung kein Geld!«

Nein, Du bist keine Wechselstube, aber die ärmste Wurst, die ich kenne! Dieser Satz steht deswegen nicht in Anführungsstrichen, weil ich mir schnell eine *Bild* schnappte, die Hand aufhielt und verschwand.

Wunder gibt es immer wieder, und deshalb bestieg ich, noch nicht mal als letzter, die Maschine nach London. Auf dem Flug passierte bis auf die Tatsache, daß sich Felix Magath in die Reihe vor mir setzte, nicht viel.

In Heathrow traf ich meine Freundin, die am frühen Morgen weitaus weniger Nerven verloren hatte. Wir wollten uns ja ursprünglich im U 2-Hotel einmieten, aber als ich erfuhr, daß im Savoy nur noch die Suiten für 300 Pfund die Nacht frei waren, schlug ich in meinem London-Führer ganz schnell die Seiten mit Hotels der Best Western-Preisklasse auf. Am Nachmittag holten wir uns im Savoy unsere Pässe ab, und auf einmal stand Suzanne vor uns. Wir stiegen in einen Shuttle-Bus, der schon bekannte Gesichter geladen hatte: den Sänger von Godley & Creme und die Eltern von Edge. Sein Vater sah genauso aus wie er, ein paar Jährchen älter, aber nicht weniger trinkfest ... schon vor der Fahrt reichte er einen Flachmann rum. Im VIP-Bereich des Stadions gab es ein paar Cracker und Bier, und gegen 20 Uhr 30 gingen wir auf unsere Plätze. Wembley! Ein geiles Rund. Hier wurden die Deutschen 1996 Europameister. Jetzt war meine Stadionbilanz, was die Ergebnisse unserer Fußballer bei großen Turnieren anging, halbwegs ausgeglichen.

Das Konzert und die Stimmung waren phantastisch. Die spinnen, die Engländer – 90.000 hüpften, grölten und tobten, der Innenraum kochte. Und die Edge-Karaoke-Version »Daydream Believer« von den Monkeys wurde zum absoluten Highlight des Abends. Was war wohl an dem Gerücht dran, daß Liam Gallagher und Patsy Kensit da sein sollten? Wahrscheinlich mal wieder gar nichts, wie bei jedem Gerede um die beiden. Das wäre es auch noch gewesen, meinen momentanen Helden zu sehen. Absolut überwältigt schlenderten wir durch die verdächtig morsch aussehenden Katakomben des Wembley-Stadions hoch in den Wichtig-Raum, und da traute ich meinen Augen nicht. Hier saß er tatsächlich, wie immer mit einer Bierpulle in der einen und einer Benson & Hedges in der anderen Hand. Der Oasis-Sänger hatte eine Posse um sich geschart, die aus ein paar Saufkumpanen, einigen Models für Fußgänger und seiner Frau bestand. Aber es waren auch Schönheiten anwesend, die sich nicht auf dem Bürgersteig, sondern auf dem Laufsteg fortbewegten. Naomi Campbell stand in einer Ecke und plauderte mit Suzanne. Los, Matti, das ist deine Chance! Aber erstens fand ich Naomi nie überwältigend, und zweitens hatte ich ja jemanden an meiner Seite.

Die Promi-Liste an diesem Abend läßt sich ohne Ende fortführen: Hinten tummelten sich Dave Gahan und Andrew Fletcher von Depeche Mode und unterhielten sich mit ihrem und U 2s Lieblingsfotografen Anton Corbijn (der Mut zum Risiko zeigte und schwarzlackierte Fußnägel in Birkenstock-Latschen trug). Inmitten des ganzen Treibens standen ein Mädchen und ein Junge aus Detmold, einer Kleinstadt in Lippe. Da kam Suzanne auf uns zu und überreichte mir eine Schachtel.

»Weil es mit dir immer so angenehm war – und außerdem hast du doch Montag Geburtstag.«

Ich war baß erstaunt und gerührt gleichzeitig. In der Schachtel lag ein silberner Siegelring mit einem dezenten *PopMart*-Schriftzug an der Seite.

»Wir dachten, der paßt am besten zu deinem Style.«

Obwohl mir die Spucke wegblieb, konnte ich mich sofort bedanken, denn die Band kam gerade rein. Bono drückte uns und fragte gleich nach, ob ich den Ring schon bekommen hätte. Da spielt der Knabe vor 90.000 Menschen, hat Liam und Naomi geladen und in seinen Gehirnzellen noch Platz für meinen Ring? Edge lief seinem Vater in die Arme, der uns zuvor immer wieder lächelnd zugeprostet hatte.

»Hey, ihr habt es wirklich klargemacht mit London«, freute sich der Cowboyhut-Fan über unsere Anwesenheit. »Ist der Ring o.k.?«

»Aber absolut«, stotterte ich. Wir mußten bald los. Der Shuttle brachte uns bis zum Savoy, und als alle Mitfahrer in der Lobby verschwunden waren, stiegen wir in ein Taxi und ließen uns zu unserem Touri-Tempel nach Chelsea bringen.

Am nächsten Tag shoppten meine Freundin und ich noch durch die Stadt. Abends gingen wir essen und wollten eigentlich in einem Pub in meinen Geburtstag reinfeiern, aber das erwies sich wegen der Sperrstunde als recht schwierig. Um 23 Uhr war Schicht, ich verfluchte London – und Dublin gleich mit. An einem Kiosk holte ich mir mit einer Sektflasche in der Hand wieder ein Verbot ab und durfte die Kasse erst passieren, als ich den Sekt gegen ein Tetra Pak Orangensaft ausgetauscht hatte. Um zwölf standen wir in einer Seitenstraße rum und beschlossen, irgendwann mal in London ein Häuschen zu kaufen. Was allerdings genauso utopisch ist wie eine Erlaubnis des Alkoholausschanks nach 23 Uhr ...

In der Nacht wurden wir um 5 Uhr durch ein entsetzliches Geräusch geweckt. Zuerst hielt ich es für den Weckruf, den ich für 7 Uhr bestellt hatte. Doch nach einem Blick auf die Uhr konnte es wohl nur ein Feueralarm sein. Wir guckten verstohlen auf den Flur: Einige Hotelgäste rannten schon notdürftig angezogen in Richtung Feuerleiter. Vor zwei Tagen hatten wir uns noch über den herrlichen Ausblick aus dem sechzehnten Stock gefreut, jetzt hätten wir gerne im zweiten gewohnt. Den Rucksack mit dem Nötigsten geschultert, kamen wir vier Minuten und etwa 540 Treppenstufen später an der Rezeption an. Außer uns hatten sich noch etwa 35 weitere London-Urlauber vorbildlich verhalten. Der Rest ignorierte den Lärm und hatte mit dieser Entscheidung auch gut gepokert. Die beiden angerückten Feuerwehrwagen drehten wieder ab, als man herausfand, daß ein Fehlalarm ausgelöst worden war. Etwa eine Stunde später ertönte der erwartete Wake-up-Call, und der war auch nicht viel angenehmer als der Feuermelder. Ich machte mich auf den Weg zum Flughafen, meine Freundin blieb noch bis abends in London.

Zurück flog ich nicht wieder mit einem Fußballstar aus den glorreichen 80ern an Bord, aber diesmal mit dem Gefühl im Bauch, im letzten halben Jahr die wohl eindrucksvollste und netteste aller Bands kennengelernt zu haben.

Eine Woche später telefonierte ich noch mal mit Suzanne. Sie war vom Vorabend noch etwas verkatert, denn es gab was zu feiern bei U 2. Die Iren hatten zum ersten Mal nach zehn Jahren und trotz monatelanger Machtkämpfe wieder ein Konzert in Belfast geben dürfen. »Sunday Bloody Sunday« hatte Bono in der Maxi-Version gesungen, die weiße Flagge aber diesmal steckengelassen.

Bonos Geständnis

I am a mimic, an impersonator ... I pretend to be a rock and roll star. I'm an impostor, I smashed and grabbled the role, it never belonged to me, it belonged to Matthias Opdenhövel ... »you need the right shoes to get through the night«. I borrowed them ... Matthias owns them ... he wears them well, he looks after them, they look after him – the kid's a pro – he wears the shirt of a ladies man, the pants are casual, but it's the shoes that give him away ... the shoes are going somewhere ...

(Ich bin bloß ein Imitator. Ich bin ein Hochstapler. Ich tu' nämlich nur so, als wäre ich ein Rockstar. Ich bin ein Betrüger, ich habe mir diese Rolle einfach geklaut. Sie hat nie wirklich zu mir gepaßt. Sie gehört eigentlich Matthias Opdenhövel ... »Man braucht die richtigen Schuhe, wenn man nachts auf die Piste geht.« Und diese Schuhe gehören Matthias, ich habe sie mir nur geliehen. Ihm stehen sie. Er paßt gut auf sie auf, und sie passen auf ihn auf. Der Junge ist ein echter Profi – mit seinem Hemd und seinen lässigen Hosen sieht er aus wie ein Ladykiller. Wenn man dann aber die Schuhe sieht, weiß man erst richtig, was Sache ist. Diese Schuhe werden es noch weit bringen ...)

»Jeder hatte schon mal was mit Groupies«

Fünf VIVA-VJs reden Klartext

Datum:	2. Juni 1998
Ort:	Köln-Südstadt
Verpflegung:	Pizza, Chips
Getränke:	Wasser, O-Saft, Sekt, Wodka
Anwesende:	Mola Adebisi, Aleksandra Bechtel, Nils Bokelberg, Tobias Schlegl, Matthias Opdenhövel
Background:	Video vom ersten VIVA-Programmtag (24. 12. 1993)

Matti: Mola, willst du keinen Sekt?

Mola: Nein, danke, ich nehme Mineralwasser.

Matti: Du trinkst wirklich nie Alkohol?

Mola: Nö. Das heißt, ich war noch nie stramm. Ich habe allerdings jetzt neulich im Winterurlaub zwei Gläser Wein getrunken.

Aleks: Du hast Wein getrunken? Wie bist du denn drauf?

Mola: Wir hatten keinen Schnee, und ich hab' mich drei Tage lang nur gelangweilt.

Matti: Zwei Gläser in drei Tagen oder an einem Abend?

Mola: An einem Abend.

Aleks: Und, hast du was gemerkt?

Mola: Nö, alle anderen waren besoffen, das hat mich total aufgeregt.

Matti: Hat denn schon mal einer besoffen moderiert?

Aleks: Im Fernsehen nicht, aber auf Molas Gala, als seine Molali-

Unterwäsche-Kollektion vorgestellt wurde. Da war der Mola ganz schön sauer auf mich, als ich auf der Bühne stand und leicht gelallt habe. Das lag aber nur daran, daß ich den ganzen Tag über nichts gegessen hatte und es da nur Sekt gab.

Matti: Nils, hast du nicht schon mal betrunken bei VIVA vor der Kamera gestanden?

Nils: Nein, das haben mir bloß immer alle angehängt. Aber ich war eigentlich sehr diszipliniert, was das betraf.

Aleks: Ich gebe zu, auf dem *Mayday* mal angeheitert gewesen zu sein. Ich meine, da war es 3 Uhr morgens, da bleibt der Rausch nicht aus.

Mola: Ich bin mal bei *Interaktiv live* eingeschlafen. Das war die Zeit, als ich *Marienhof* gedreht habe und fast nie pennen konnte. Da saß ich dann auf dem Sofa und bin weggenickt, während ein Clip lief. Und als ich die Augen wieder aufgemacht hab', war das Rotlicht schon an, und die Menschen hinter der Kamera haben wie wild rumgefuchtelt. Geil war aber auch die Sendung, in der Heike während *Interaktiv live* aufs Klo mußte, aber sich mit der Zeit vertan hat ... und dann mit offener Hose ins Bild gesprungen ist.

Tobi: Ich habe mal halb besoffen moderiert. Bei der Sendung mit den Ärzten, als die bei mir gekocht haben. Da hat mir Bela bei jeder Moderation ein Glas Sekt angeboten, und ich als guter Gastgeber mußte natürlich mittrinken. Er hat sein Glas aber immer heimlich ausgeschüttet. Da war ich zum Schluß ziemlich strack.

Aleks: Der Tobi! Ich weiß noch, als du angefangen hast – du hast gezappelt wie ein Flohsack. Bei mir in der *Interaktiv*-Woche beim VJ '95-Contest.

Mola: Halt! Jetzt muß ich leider einhaken. Es gibt eine ganz exquisite Geschichte: Aleksandra Bechtel vs. Nora, eine der vier Kandidatinnen in diesem Wettbewerb. Die beiden moderierten zusammen und konnten sich schon zu Beginn nicht riechen. Dann hat Aleks einen Brief vorgelesen, in dem sich jemand beschwerte, Aleks hätte sich vor ein paar Wochen darüber lustig gemacht, daß ein Mädchen Fußball spielt.

Aleks meinte: »Nein, ich habe mich nicht darüber lustig gemacht, ich habe mich nur gewundert. Weil es ja so viele Mädels nicht gibt, die Fußball spielen.« Da meinte Nora dann: »Ja, Aleks, da du dich ja jetzt dafür entschuldigt hast, daß du das Mädchen angemacht hast ...« Aleks: »Nein, ich habe mich nicht entschuldigt.« – »Doch, du hast doch zugegeben ...« Da haben sie sich auf dem Sender gezickt, live. Eine Stunde später hatte ich einen herzinfarktgefährdeten Producer in der Leitung, und nachts um 12 Uhr haben sie mir gesagt, daß ich die Sendung machen muß, weil Jungs und Mädels sich wahrscheinlich besser vertragen würden.

Aleks: Dazu mußt du aber auch sagen, daß Nora in die Maske gekommen ist und sich das T-Shirt ausgezogen hat. Sie ist dann die ganze Zeit oben ohne rumgelaufen, bis der Maskenbildner meinte: »Wir haben auch Umkleidekabinen.« Darauf sagte sie nur: »Mich stört das nicht.«

Nils: Ich weiß noch, daß sie Tobi auch nach seiner Lieblingsband gefragt haben, als er bei *Interaktiv* vorgestellt wurde. Und er meinte: »Take That.« Ich habe mir gedacht: »Der Streber schleimt sich jetzt bei allen Fans ein, damit er die meisten Postkarten kriegt.«

Tobi: Das hatten wir sogar vorher abgesprochen. Wir haben ja mit allen so ein Training gemacht. Da haben wir bequatscht, was wir am besten antworten, wenn wir in der Sendung nach unserer Lieblingsband gefragt werden. Na klar, Take That – da kriegst du super viele Briefe. Also haben wir gesagt, wir machen es. Kein anderer hat es dann in der Sendung gemacht. Alle waren ehrlich, nur ich hab' geheuchelt. Und ich hab' gewonnen.

Aleks: Du bist doch nett von uns aufgenommen worden, oder, Tobi?

Nils: Na ja, wir haben uns aber schon so wie die Alteingesessenen gefühlt. Wir waren schon immer die Kings und ganz kritisch, wenn jemand neu kam.

(In der Kiste läuft jetzt das Video des Weihnachts-Specials mit allen VJs und Herbert Grönemeyer)

Tobi: Guckt mal, wie die Aleks früher aussah! Ganz unschuldig, wie ein kleines Mädchen.

Mola: Damals war sie auch noch viel dicker.

Nils: Ich finde, ich war ein richtig hübsches Kerlchen damals.

Aleks: Hast du eigentlich schon mal mit einem der VJs Sex gehabt, Nils?

Nils: Nee, mit wem denn?

Tobi: Enie!

Nils: Nee, mit Enie wollte ich immer, aber die hatte ja ihren komischen Fotografen-Freund aus Holland.

Mola: Aleks und ich haben mal geknutscht.

Aleks: Ja, aber da waren wir erst sechzehn.

Matti: Das war doch schon vor VIVA. Währenddessen auch?

Aleks: Mola und ich – bist du des Wahnsinns?

Mola: Also ... Moderatorinnen – laßt mich mal überlegen ...

Nils: Mit Moderatorinnen hattest du nichts?!

Mola: Als Minh-Khai ganz neu bei VIVA war, hat sie ein paarmal zu mir gesagt: »Komm doch mal vorbei.« Ich war oft in München, weil ich bei *Marienhof* gedreht hab'. Da haben wir uns immer getroffen. Es war aber nichts.

Aleks: Die bringt dich um!

Mola: Das ging immer hin und her. Und einmal, als wir im P1 waren, meinte sie zu mir: »Das ist mein Freund.« Und ich war baff: »Wie? Dein Freund?« Das war so ein Barkeeper, den hatten wir da zufällig getroffen. Es war ihr auch ganz peinlich.

Aleks: Und, hat es denn geknistert zwischen euch?

Mola: Nö, da hat nichts geknistert. Mit Nadine Krüger war ich komischerweise auch ein paarmal weg.

Aleks: Wir wollen nicht wissen, mit wem du weg warst, wir wollen wissen, mit wem du gepoppt hast!

Mola: Ich hab' mit keiner gepoppt!

Aleks: Geknutscht?

Mola: Geknutscht auch nicht.

Tobi: Aleks, du bist dran!

Aleks: Ich? Mit keinem.

Tobi: Echt nicht?

Mola: Das glaub' ich nicht!

Matti: Das glaub' ich auch nicht.

Aleks: Ehrlich nicht!

Tobi: War da nie was zwischen Matthias und dir?

Mola: Halt, ich hab' einen! Nils, du hast doch mit Nicole Belster-Böttcher von VIVA ZWEI heftig was gehabt.

Nils: Moment – ich wollte. Aber das haben wir nie geschafft. Wir haben betrunken rumgeknutscht, in der Disco. Ich war echt beeindruckt, daß so eine reife Frau was von mir wollte.

Aleks: Und Tobi?

Tobi: Als ich angefangen hab' bei VIVA, da fand ich die Shirin immer ganz toll.

Nils: Echt?!

Tobi: Ohne Scheiß, ich hab' dann auch gebaggert, aber irgendwie hat es nicht sollen sein.

Aleks: Und mit wem hast du nun rumgemacht?

Tobi: Mit keiner.

Aleks: Und fandest du mich nie toll?

Tobi: Doch, ich fand dich auch ... süß.

Aleks: Aber ich war zu alt für dich, sag's schon.

Tobi: Auch. Und außerdem hast du damals ja schon diesen anderen Typen gehabt.

Nils: Die Aleks habe ich auch mal angegraben.

Aleks: Wirklich?

Nils: Ja, hast du das nie gemerkt?

Mola: Tobi hat ja immer seine ganzen Fans zu Hause, und der macht immer mit denen ...

Matti: Ja, Tobi, was ist mit Groupies? Du hattest doch mal Besuch im Kleiderschrank, oder?

Tobi: Nee, nicht im Kleiderschrank. Die sind hintenrum durch den Garten gekommen. Eines Sonntagmorgens um 7 Uhr sind die durch die Kellertür und haben mich sanft geweckt. Das waren zwei Kelly-Fans.

Mola: Ich muß Tobi jetzt mal ein bißchen reinreiten ...

Tobi: Nein, hör auf!

Mola: Ich hab' nämlich ganz guten Kontakt zu meinen Fans, und die sind auch alle Tobi-Fans. Irgendwann kam eine von denen ganz aufgeregt zu mir und meinte: »Mola, du mußt mit Tobi reden, der ruft nicht mehr an und läßt sich verleugnen.«

Tobi: Ach, das war mal so 'ne Toiletten-Szene. Einmal schlabbern und weg.

Matti: Also, keiner hatte mal was mit Groupies?

Tobi: Nee, außer Schlabbern nix.

Aleks: Meine Typen waren immer total der Horror.

Nils: Das ist ja auch nicht immer leicht einzuschätzen. Groupies sind ein weites Feld.

Aleks: Nils, wir meinen die Mädels, die vor dem VIVA-Gebäude stehen und dich abschleppen wollen.

Nils: Es ist mir natürlich schon mal passiert, daß ich in 'ner Disco mit Modelen rumgemacht hab', die wußten, wer ich bin und das toll fanden. Aber das waren keine Groupies im klassischen Sinn.

Aleks: Das ist mir auch schon passiert.

Mola: Also, keiner hier am Tisch kann mir weismachen, noch nichts mit einem Groupie gehabt zu haben. Jeder von uns hatte schon mal so was. Wißt ihr noch, als wir die erste *Pop-Explosion* hatten?

Nils: Ja, wo der Überraschungsgast Modo war, und alle haben gedacht, es wäre Take That. Deswegen ist keins von den Mädels aus der Halle gegangen, weil sie nichts verpassen wollten. Und hinterher hat es total nach Pisse gestunken, weil sich alle in die Hose gemacht haben.

Aleks: Das war der Abend, als mir der Typ von East 17 beim Interview den Rock hochgezogen hat und man meine Unterhose voll sehen konnte. Dann habe ich mich umgedreht und Brian eine geknallt. Im Schnitt haben sie noch stundenlang versucht, das Bild aufzublasen.

Nils: Und da hattest du was mit 'nem Fan, Mola, um noch mal auf das Gesprächsthema zurückzukommen?

Mola: Ja. Paß auf, ich ging gerade vom VIP- in den Backstage-Bereich. Und da sagte ein Mädel zu mir: »Hey, kennst du mich nicht mehr?« Ich hatte gar keine Zeit, aber die lief mir hinterher. »Du warst doch neulich im Neuschwanstein«, meinte sie. Und dann haben wir ein bißchen gequatscht, und ich bin später ins Hotel gefahren. Aber an diesem Abend ist nichts passiert.

Aleks: Jetzt komm zum Punkt!

Mola: Fazit der Geschichte ist: Als Schluß war mit meiner damaligen Freundin, da habe ich mich ein bißchen mit ihr getröstet. Und ich habe immer noch Kontakt zu ihr.

Matti: Macht man sich da am nächsten Tag nicht Sorgen, daß die was rumerzählen?

Mola: Also, ich muß dazu sagen, die sah nice aus, und nach einer gewissen Zeit war die Sache klar. Die meinte: »Haste nicht mal Bock?«

Aleks: Ich will noch mal betonen: Ich hatte mit keinem VJ was.

Tobi: Warum nicht?

Aleks: Mit wem denn? Ich fand keinen attraktiv. Tut mir leid, Jungs. Außerdem sollte man das unter Kollegen nicht machen. Obwohl . . . habe ich nicht mal mit dir auf'm *Echo* rumgeknutscht, Nils? Oder habe ich mir das eingebildet?

Nils: Ich weiß von nichts, aber ich war da auch öfter angeheitert.

Aleks: Und bei VIVA ZWEI war auch nie ein geiler Kerl.

Tobi: Wieso, wie wär's zum Beispiel mit Axel?

Mola: Oder mit Steve von Worlds Apart?

Aleks: Ich fand den sehr nett und süß, aber da war nix zwischen uns. Na ja, egal, jetzt bin ich jedenfalls glücklich.

Matti: Mit wem denn, Aleks?

Nils: Ja, das würde mich auch mal interessieren!

Aleks: Jetzt fragst du mich auch schon! Egal, mit wem man zusammen ist – den VJs wird immer wieder was Neues unterstellt.

Matti: Die Fans, die Presse . . .

Aleks: Ja, ich hatte früher auch schon mal Morddrohungen auf meinem Anrufbeantworter: »Wir wissen, wo du wohnst. Wir bringen dich um, du Nutte!« Ach, das ist mir jetzt so egal. Ganz am Anfang war es echt schlimm, da kamen Haßbriefe, in denen jemand mir drohte, mich am Baum aufzuknüpfen. Aber mittlerweile interessieren diese Sachen keinen mehr.

Nils: Wenn mir das passieren würde, würde ich darüber lachen.

Aleks: Mach' ich jetzt auch.

Tobi: Hast du dir nie einen Bodyguard geholt?

Aleks: Ach Quatsch!

Mola: Nils war mal mit Jasmin Gerat zusammen!

Nils: Aber das gehört nicht in die Fan-Kategorie. Das war eine sehr schöne Zeit. Ich habe mal in einer langen Nacht mit Thomas D. darüber philosophiert: Wenn du eine gewisse Popularität erreicht hast, dann wirst du dir gezwungenermaßen Frauen aus dem gleichen Metier suchen. Bei Leuten von der Straße hat man gleich diese Fan-Angst. Aber das kann andersrum genauso sein. Mir ist es schon mal passiert, daß ich ein ganz normales Mädchen richtig geil fand. Sie war auch ganz oft bei mir zu Hause, und ich hab' sie angegraben, mit allem, was ich hatte. Letztendlich ist es daran gescheitert, daß sie gedacht hat, daß ich von ihr denke, daß sie nur was von mir will, weil ich bei VIVA bin! Das ist der Grund, warum man sich seine Beziehung entweder im Show-Bereich oder im alten Freundeskreis sucht.

Matti: Oder vorher schon haben muß.

Nils: Oder das. Aber dafür war ich noch zu jung.

Mola: Ich hab' darüber schon oft mit Boygroups gesprochen, das ist echt ein Problem. Mir hat das mal meine beste Freundin erklärt. Die meinte: »Mola, wenn man mit dir durch die Stadt geht, und du triffst auf Fans und gibst Autogramme – in dem Moment steht die Begleitung da wie Falschgeld. Du schaffst es auch nicht, den Spagat zu machen.«

Aleks: Ich bin ja anderthalb Jahre lang auf keine Teenie-Veranstaltung mehr gegangen, weil die Fans oft neidisch sind, daß man die ganzen Bands kennt. Die haben mich auf einigen Events echt grundlos ausgebuht und wild beschimpft. Aber vor kurzem war ich bei *The Dome* und habe auf der Tribüne gesessen. Fast alle Fans haben mir zugewunken.

Tobi: Es muß aber nicht immer Starliebe sein. Ich hab' im Moment was ganz Normales, das geht. Ich war da nicht so paranoid, ich habe gar nicht danach gefragt, ob sie mich nur deswegen will. Ich hatte allerdings noch vor zwei Monaten eine Beziehung ... Die hat alles ausgeplaudert, das war sehr geil. Leute aus der Zwölften haben mich auf dem Schulhof mit Details konfrontiert, das war schon sehr erstaunlich: »Ach, Tobi, ihr hattet gestern Petting im Park?«

Nils: Bei solchen Sachen hab' ich das lieber selbst rumerzählt.

Tobi: Aber im Moment klappt alles, und ich werde sie heiraten.

Mola: Ich muß ganz ehrlich sagen, bei mir hat beides geklappt. Ich hatte voll die Szenebraut, aber auch eine, die sich für Musik und Videos überhaupt nicht interessiert hat. Die hörte den ganzen Tag Pur.

Nils: Ich hätte mich einmal fast mit 'nem Fan getroffen. Ganz am Anfang. Habe ich dann aber doch gelassen.

Mola: Du hast doch mal ein Blind Date gehabt, oder?

Tobi: Nein, das war ich. Ich dachte, sie wäre kein Fan, und ich fand den Film mit Bruce Willis so toll – ich wollte das auch mal machen. Aber sie war dann doch ein Fan, und anstatt achtzehn, wie sie mir geschrieben hatte, war sie vierzehn.

Nils: Jeder Fanbrief fängt doch mit dem Satz an: »Ich bin zwar kein Fan von dir, aaaaber du bist echt süß.«

Tobi: Ich war halt naiv.

Mola: Wie lange Tobi noch mit der Bahn gefahren ist! Ich wäre irre geworden. Ich hab' ihn mal gefragt: »Gibst du eigentlich in der Schule Autogramme?« Und er meinte: »Ja.« Da würde ich doch bescheuert werden!

Tobi: Nein, das ging. Außerdem habe ich auf der Schule damals ein Schulradio durchgesetzt. Ich als toller Schülersprecher – aber danach wurde ich auch nie wieder gewählt. Das waren immer nur die Kleinen, die in der Pause ankamen.

Nils: Die Schule ist auch so ein eigener Kosmos. Ich kenn' das von mir damals. Da gab es Typen, die mich schon immer scheiße fanden. Die erzählten mir dann nach den ersten zwei Wochen VIVA: »Hey, meinste, du bist jetzt ein großer Fensehstar?« Und ich sagte: »Ja.« Danach fanden sie mich dann wieder ganz normal scheiße.

Aleks: Das ist sowieso das schlimmste, wenn dich Leute auf der Straße anlabern. Gestern, bei mir vor der Haustür, kamen so Typen an und prollten rum: »Ey, Frau Bechtel!« Die stotterten sich was zusammen, was ich gar nicht verstanden habe. Ich hab' nur zurückgerufen: »Ihr seid ja ganz schön witzig!« Und da waren sie still, weil sie nicht damit gerechnet haben, daß ich die Frechheit besitze, mich zu wehren. Das versteh' ich bei diesen Leuten nicht – wenn die zu mir was sagen, warum glauben die, daß ich das Maul halte? Einmal ist mir ein Mädchen in einem Hotel die ganze Zeit hinterhergelaufen und hat mir von hinten blöde Sprüche reingereicht. Da bin ich zu ihr hingegangen und habe gesagt: »Hör mal zu: Noch ein Wort, und ich knall' dir ein paar.«

Tobi: Gil wollte mich schon mal verhauen!

Nils: Das ist nicht wahr, der ist doch nur so ein halber Meter!

Tobi: Das war vor ein paar Wochen. Er wollte eigentlich den Raab verdreschen, weil der so viele Gil-Witze macht. Er hat sich dann aber wohl überlegt: »Nehm' ich mal den Tobi«, und dann hat er mir über die Kamera Prügel angedroht.

Mola: Also, wer mir doof kommt, den klatsch' ich weg. Das letzte Mal war ich in so 'ner Situation, als ich mit ein paar Freunden in 'ner Disco war. Ich bin reingegangen, und gleich meinte so ein Typ von hinten: »VIVA ist voll scheiße.« Da bleibe ich ja noch ruhig. Dann kam aber ein Mädel, das mich so blöd von der Seite angegiggelt hat. Da waren es schon zwei, und ich zähle immer bis drei bei so was. Dann hat ein anderer Kerl gesagt: »Der Mola ist 'ne Schwuchtel.« Da hab' ich ihm mit der flachen Hand eine verpaßt und wollte mit ihm rausgehen. Aber der hat sich entschuldigt.

Matti: Hast du nicht Angst vor 'ner Anzeige? Die kennen dich doch alle.

Mola: Es gab mal einen, der beschimpfte mich mit: »Guck mal, da ist die türkische Dachpappe.« Und da war Ende. Ich komme nicht aus der besten Gegend, ich mußte mich früher öfter mal mit den Händen verteidigen. Ich hab' dem Typen klargemacht: Jetzt geht's los. Natürlich sagte der sofort: »Wenn du mich verprügelst, dann zeig' ich dich an.« Aber ein Freund von mir war ja noch da ...

(Im Fernseher läuft gerade der Clip »Alles nur geklaut« von den Prinzen.)

Aleks: Die Prinzen! Horror! Wie die aussehen!

Matti: Weißt du noch, als die bei *Was geht ab?* waren?

Aleks: Die haben uns ständig nachgemacht beim Interview und fühlten sich echt wie die großen Popstars. Seitdem haben wir die nur gedißt. Und beim *Cometen* kam Tobias Künzel zu mir und meinte, er dachte immer, ich hätte einen reichen Vater, der den Sender gekauft hat, damit das Töchterchen was zu tun hat. Darauf meinte ich nur: »Danke, aber mein Vater ist tot.«

Matti: Und wir gingen weg und lachten uns schlapp.

Aleks: Später kamen sie zu uns und wollten sich entschuldigen, aber Matti meinte: »Das könnt ihr jetzt nicht mehr gutmachen.« Seitdem sind die total nett zu mir, wenn sie mich sehen. Oder Mola ... weißt du noch, als Dan Lucas bei uns war?

Mola: Das war das geilste – als ich Vertretung für Matthias bei *Was geht ab?* gemacht habe, und Dan Lucas war mit seinem Album *Two Thousand* da. Das werde ich niemals vergessen. Ich hab' im Studio rumgeschrien: »Who the fuck is Dan Lucas?« Und dann hat sich so ein Männchen vor mir umgedreht und gemeint: »That's me, nice to meet you.«

Nils: Das erinnert mich doch an so 'ne Geschichte mit Kylie Minogue und Kim Wilde ...

Tobi: Du Sack, woher kennst du die? O.k., die kennt eigentlich jeder, das ist ja der Scheiß. Aber wer kennt schon noch Kim Wilde? Ich hatte dieses Video mit Nick Cave und Kylie Minogue gesehen, und dann war Kim Wilde mein Gast – und ich habe ständig solche Sachen gesagt wie: »Also, Kylie, wie geht's denn so?«

Mola: Nicht einmal, mindestens dreimal! Aber dafür hab' ich Schwester S. mal Cora E. genannt. Das fand die auch nicht witzig.

Aleks: Wißt ihr, wer genial war? Robert Englund, der Freddy Krueger aus *A Nightmare On Elm Street*. Er war ohne Maske da, aber ich hatte trotzdem tierischen Schiß, neben ihm zu sitzen.

Mola: Die beste Sendung war doch: Tobi Schlegl und Verona Feldbusch bei *Interaktiv*. Tobi hat ihr die ganze Zeit in den Ausschnitt gestarrt. Und als sie plötzlich aufgehört hat zu reden – Pause, nix! Tobi hat dann verschreckt hochgeguckt und gestottert: »Hast du Haustiere?« Das sind die Fragen, die wir hören wollen.

Nils: Ich mußte mal Mark 'Oh für so 'ne normale VJ-Strecke interviewen. Als alles fertig war, bin ich in die Maske gekommen und hab' mit ihm noch ein bißchen Small talk über Techno gehalten. Eigentlich wußte ich aber gar nicht, wer das ist. Ich hab' also Wissen geheuchelt, um ihm zu zeigen, daß er es mit einem Mann vom Fach zu tun hat. Und dann meinte ich zu ihm: »Was ich heute gehört habe, das ist echt nicht mehr zu glauben. Da hat doch tatsächlich jemand »Tränen lügen nicht« als Techno-Song gecovert. Das ist doch wohl der letzte Scheiß.« Und Mark 'Oh sagte nur verschämt: »Öh, kann ich mir auch nicht vorstellen, daß das jemand macht.« Als ich danach alleine durchs Foyer getrottet bin, lief das Stück schon wieder auf VIVA – und ich gucke auf den Fernseher und lese: Mark 'Oh.

Matti: Das ist ja fast noch besser als meine peinliche Geschichte mit Salt'n'Pepa.

Aleks: Matti hat damals total falsch übersetzt bei *Was geht ab?*. Die Mädels von Salt'n'Pepa haben erzählt, daß sie Geld für Aidskranke sammeln und daß neulich ein paar Kinder zugunsten dieser Stiftung ein Theaterstück aufgeführt hätten. Aber Matthias machte daraus kurzerhand, aidskranke Kinder hätten ein Stück aufgeführt.

Matti: Du warst aber auch nicht schlecht, Aleks, als du dem Sänger der Manic Street Preachers nach seiner Akustik-Session sagtest: »You have a great organ!« Er und sein Manager sind lachend vom Stuhl gekippt, weil das ein Slang-Ausdruck für Schwanz ist. Gut war aber auch das Ruanda-Wochenende.

Mola: Ja, als Blümchen den Trailerspruch nie hinbekommen hat. Sie stotterte immer: »Äh, schickt zehn Videos nach Ruanda, und ihr könnt von VIVA einen Äthiopier gewinnen.«

Matti: Und du meintest: »Spendet viel Geld, damit die Menschen da unten sich warme Kleidung kaufen können.« Obwohl es da vierzig Grad warm war. Mola, der Geographiekönig!

Aleks: Cool war auch, als Mola mich zu Hause angerufen hat, um mir zum Geburtstag zu gratulieren, während er mit *Interaktiv live* auf Sendung war. Er sagte: »Herzlichen Glückwunsch zum Geburtstag«, und ich meinte: »Hey, danke, ich räume gerade das Bier ein für nachher, du kommst doch auch?« Ich wollte gerade noch sagen, Mola solle nicht alle mitbringen, damit ich nicht die Massen zu Hause habe – in dem Moment hat die Regie ihm aufs Ohr gelegt, er würde besser nicht zu privat, weil ich offensichtlich gar nicht schnalle, daß ich on Air bin. Ich hab' ihn gefragt: »Wann kommst du denn?« Und dann: »Du hast doch heute noch Sendung, oder?« Und er meinte nur: »Ja!« – »Kann doch gar nicht sein«, sagte ich, »es ist doch gerade zehn nach vier.« Ich hab' das echt nicht geschnallt. Und als ich den Fernseher angemacht hab', mußte ich voll schreien.

(Auf dem Video ist jetzt der Weihnachtsmann aus der ersten »Was geht ab?«-Sendung zu sehen. Aleks fragt ihn gerade, wieviel Geld er damit verdient.)

Aleks: Das war schrecklich.

Mola: Da bist du ja echt gelangweilt.

Nils: Das ist noch investigativer Journalismus!

Aleks: Wir hätten dem damals lieber den Bart abfackeln sollen.

Nils: Matthias sah schon immer irgendwie radiomäßig aus.

Aleks: Das schlimmste war dein Mittelscheitel.

Nils: Was mir gerade einfällt: Das tollste bei *Interaktiv* war, daß ich Tracy Lords interviewt hab'.

Mola: Tracy Lords?

Nils: Jetzt tu nicht so, als ob du die nicht kennen würdest! *Der* Pornostar überhaupt.

Tobi: Neben Dolly die Beste.

Nils: Also, damals bei *Interaktiv* haben sie immer darauf geachtet, daß ich Gäste hatte, mit denen ich was anfangen konnte. Vor diesem Interview hat mir das Management gesagt: »Frag Tracy, was du willst, aber sprich sie nicht auf ihre Pornofilme an.« Ich hatte vier Takes mit ihr. Ich habe sie alles gefragt, was ich sie fragen sollte – zu ihrer Single und bla, bla, bla. Aber immer, wenn ich sie angesehen hab', hatte ich »Pornofilme« im Kopf. Im vierten Take hab' ich es nicht mehr ausgehalten und gesagt: »Tracy, jetzt reden wir mal Klartext. Du hast doch früher auch Filme gedreht, oder?« Sie meinte nur: »Ja.« Ich hab' sie dann gefragt: »Was waren das denn für Filme, erzähl doch mal.« Sie hat ganz cool darauf geantwortet, und ich war happy, daß es raus war. Ein halbes Jahr später haben mich vor der Haustür ein paar Assis angemacht: »Ey, VIVA?« Ich war total genervt. »Du bist doch der Nils, oder? Ey, fand ich voll geil, als du neulich die Porno-Alte interviewt hast.« Von da an haben die mich jeden Abend gegrüßt.

Matti: Korrekt!

Mola: Matthias, wegen dir habe ich übrigens meine erste Abmahnung gekriegt.

Matti: Meinetwegen??

Mola: Ja. Nachdem Rödelheim Hartreim dir bei *Was geht ab?* Prügel angedroht hatten, mußte ich in einer Moderation sagen: »Die Rödelheimer haben sich ja ziemlich danebenbenommen bei VIVA, wir spielen ihr Video aber trotzdem.« Und ich habe ein »leider« dazugedichtet. Deswegen habe ich 'ne Abmahnung gekriegt.

Nils: Ich hab' mal Ärger bekommen, weil ich gesagt habe: »Genesis sind alte Säcke.« Da wurde ich sogar zu Dieter zitiert, das war ganz am Anfang.

Aleks: Und dann kam irgendwann die legendäre erste Moderatoren-Sitzung. Wir hatten ein Skript vorbereitet und wollten uns bei Dieter über alles mögliche beschweren. Tenor war, daß wir mehr Mitspracherecht wollten. Alle waren da, Adam Turtle, Esha, ...

Matti: Tja, Tobi, wir haben viel für dich getan.

Aleks: Und als wir am Tisch saßen, ging es darum, wer diesen Zettel austeilt. Und der Turtle sagte: »Dieter, das haben wir für dich vorbereitet.«

Matti: Ihr wißt, daß Adam vor VIVA in der Keramikabteilung im Baumarkt Klos verkauft hat. Nachher auch wieder. Na ja, jedenfalls hat Dieter den Zettel gelesen und ist vor Wut knallrot geworden. Das war aber auch eine Kindergartenscheiße. Alle Moderatoren hatten unterschrieben, und Esha ist eine Woche später gefeuert worden.

Mola: Ich finde, das schlimmste bei VIVA sind die Hotelbuchungen. In San Francisco mußten wir in einem Zimmer übernachten, in dem quasi noch die Spritzen rumlagen. Der Fernseher hatte drei Programme und ein viertes mit Schnee. In Amerika! Die haben sonst 75 Kanäle im Kabelnetz. Und das passiert mir, wo ich doch in den USA so gut wie nie das Hotel verlasse, sondern nur ferngucke. Ich habe mich jedenfalls selbst in ein besseres Hotel eingecheckt, auf eigene Kosten.

Aleks: In London hätte ich einmal fast in einem Stundenhotel übernachten müssen, weil angeblich alles belegt war. Da bin ich nebenan ins Holiday Inn gegangen – und die hatten noch zwei Drittel der Zimmer frei. Toll!

(In der Glotze läuft jetzt ein Metal-Trailer)

Aleks: Nils, weißt du noch, als Gwar bei VIVA waren? Als ich über den Hof gelaufen bin, kamen sie mir mit ihrem Monster-Outfit und ihren langen Keulen entgegen.

Nils: Am Abend war ich auf dem Konzert und habe mir extra ein weißes T-Shirt angezogen, damit ich möglichst blutverschmiert wieder rauskomme. Genau in der Reihe vor mir waren alle Leute komplett besudelt, aber mein Shirt hatte bloß so ein paar Spritzer abgekriegt. Und dann hat es meine Mutter auch noch gewaschen, toll!

Mola: Korrekt war aber auch Nils' Auftritt bei Harald Schmidt.

Nils: Der hatte gehört, daß ich zum Achtzehnten den Auftritt von 'ner Stripperin geschenkt bekommen hatte, und hat mit mir über Puffs geredet. Ich fand da nix bei. Besser war noch *Peep* mit Amanda Lear. Da bringt doch dieser Pseudokellner den Gästen immer Prosecco. Ich hatte bei der Aufzeichnung mindestens zehn von diesen Gläsern getrunken, als er mir auf einmal ein Glas mit Wasser gebracht hat. Ich hab' voll rumgeschrien, daß da ja Wasser drin wäre. Aber das haben sie natürlich rausgeschnitten.

Mola: Ich war mal gucken auf der Herbertstraße. Jede Nutte hat mich angesprochen: »Hallo, Mola!«

Tobi: Die hätten es dir umsonst gemacht.

Mola: Zwei riefen auch gleich: »Komm doch mal her.« Und die waren echt nett. Die eine von ihnen meinte: »Das ist meine Schwester, wir kommen aus Panama.« Ich fragte: »Ja, aus Panama?« – ich, der Geographiekönig – »brauchst du 'ne Jacke?« Und dann meinten die beiden, ich sollte doch mal reinkommen. Ich dachte aber: »Warum soll ich mich bei denen ins Fenster setzen, das ist doch bescheuert.« Also habe ich geantwortet: »Nee, das ist doch viel zu eng.« Und die so: »Wie, zu eng?«

Aleks: Als Matti und ich mal auf'm Kiez waren, hat ihn eine sofort angemacht. Und Matti hat sich mit Händen und Füßen rausgeredet.

Matti: Und dann war da noch der Typ vor diesem Striplokal, der mich zehn Minuten lang überreden wollte reinzukommen. Ich hab' erst ziemlich spät gemerkt, daß der ein Mikro am Hemd hatte und von einem Team gefilmt wurde. Und ich dachte: »Super, jetzt zeigen sie dich bei *Exklusiv – die Reportage*.«

Tobi: Ich hatte auch eine Stripperin zum Achtzehnten, zum Neunzehnten eine Bauchtänzerin und zum Zwanzigsten eine Schlangentänzerin – die ist zuerst auf Glasscherben gegangen und hat mir dann eine Kobra um den Hals gehängt.

Nils: Mein achtzehnter Geburtstag im Tingel Tangel war auch die erste Fritten & Bier-Plattenpräsentation. Und alle von VIVA haben mir da eine Stripperin geschenkt. Als sie fertig war, hat backstage jemand gesagt: »Wir legen noch ein paar Scheine drauf und lassen den Nils mit ihr alleine.« Aber meine Eltern waren ja noch da.

(Tobi geht. Er will noch zu einem Lemonbabies-Konzert.)

Nils: Ich komme gleich auch noch, mit dem Taxi.

Tobi: Fährst du nicht?

Nils: Ich hab' doch immer noch keinen Führerschein. Und wenn ich einen hätte, würde ich jetzt bestimmt nicht mehr fahren.

Matti: Wie war das eigentlich mit deinem Abschied bei VIVA?

Nils: Die haben mich ins Büro gerufen und gefragt: »Meinst du nicht, es wäre langsam mal Zeit zu gehen?« Und ich hab' gesagt: »Meint ihr nicht, es wäre langsam mal Zeit, mich gehen zu lassen?« Also, eigentlich war es alright.

Matti: Bereust du irgendwie, daß du die Schule geschmissen und partymäßig ziemlich Gas gegeben hast zwischendurch?

Nils: Nö, ich würde das jederzeit wieder genauso machen. Ich kam umsonst in jede Disco und hab' ständig Drinks spendiert bekommen. Ich hatte echt 'ne Menge Spaß.

Matti: Und, guckst du manchmal noch VIVA?

Nils: Nee, ich guck' sowieso kaum fern.

Aleks: Auch nicht *Bitte lächeln*?

Nils: Doch, das ist ja auch ganz geil!

Der Bussi-Guide

Musikstars und Promis

Das wichtigste in der Musik- und Showbranche ist das Küßchen auf die Wange in der Kombination »rechts, links«. Wenn man sich für was ganz Besonderes hält, dann kann man sogar ein weiteres Bussi rechts hinterherschmatzen. Kommt aber seltener vor, denn damit gibt man sich völlig der Lächerlichkeit preis. Die große Aufgabe besteht also darin, sich als Musiker, VJ oder was auch sonst den Spielregeln des Business in puncto Small talk und Oberflächlichkeit anzupassen, ohne bei der nächsten Goldverleihung seine Persönlichkeit an der Garderobe abzugeben. Wer das besonders gut oder auch erbarmungslos schlecht beherrscht, wer feiern kann, bis der Arzt kommt, und wie manche Stars wirklich drauf sind, erfahrt ihr jetzt.

Bussi-Faktor:

 = Beherrschung des Small talks par excellence, Dreier-Küßchen-Kombination, Oberflächlichkeit in Hollywoodformat

 = jeglicher Körperkontakt wird gemieden, extrem geruchsempfindlich, Mundschutz

Party-Faktor:

= Spaß ohne Ende, Durst bis zum Frühstück, Mineralwasser ist ein Schimpfwort

= Partybremse, chronische Kopfschmerzen, »Ich muß morgen ganz früh fliegen!«

Sympathie-Faktor:

= Menschen wie du und ich, möchte man am liebsten adoptieren, warum sind nicht alle auf dieser Welt so?

= Wichtigtuer, Choleriker, Charakterschwein

Jon Bon Jovi

Der Traum aller Weichspülrocker. So sah er auch aus, als ich ihn in Dänemark auf einem Festival interviewen sollte: Baseball-T-Shirt in XXL, kurze Surfshorts in grausamer Farbkombination, weiße Tennissocken und Knöchelturnschuhe. Ein Ami eben. Dazu eine schwarze Fliegensonnenbrille und ein Axl Rose-Gedächtnis-Kopftuch. Er war mächtig schlecht drauf damals. Zum einen, weil seine zwanzig Bodyguards nicht ausreichten, um ihm auf der idyllischen Insel Fünen etwas Ruhe zu verschaffen, zum anderen, weil da so ein Typ aus Deutschland wartete, der noch mit ihm quatschen wollte. Ein Typ, kein Mädel! Wenn man nämlich nicht weiblichen Geschlechts und blond ist und keinen adäquaten Vorbau zu bieten hat, dann braucht man sich als Fragensteller erst gar nicht in Jons Nähe zu begeben. Ich kann nichts für meine Anatomie, aber sie war trotzdem schuld. Der Superstar machte mir mit abfälligen Gesten und Antworten deutlich, daß er die Laune eines 7jährigen hatte, dem man gerade in seine Sandburg gelatscht ist:

»Warum hast du so extrem viele Leibwächter?«

»Die halten Interviewer von mir fern!«

Ich war leider durchgekommen.

Auf der Bühne gab sich der Neuschauspieler überzeugend als Liebling der Massen. Aber kam ihm backstage ein Fan zu nahe, wurde der von seinen menschlichen Pitbulls zerfleischt – was Jon nur ein müdes Lächeln abringen kann. Also ein Tip für alle männlichen Bon Jovi-Anhänger, die ein Autogramm von Amerikas letztem Proll wollen: Laßt euch Silikon spritzen! Und bringt ein paar Flaschen Rotwein mit, den trinkt er bis zum Augenlidkoma. Die Sonnenbrille trägt er nämlich nicht ausschließlich aus Lichtempfindlichkeit.

 (falls man weiblich ist)

 (falls männlich)

Rammstein

Wer mit einem Pimmel auf der Bühne auf und ab läuft und damit Wasser in die Menge spritzt, muß entweder nicht mehr alle auf der Latte haben, oder er provoziert gerne bis zum Anschlag. Die Herren von Rammstein reizen bis aufs Blut. Und das läuft dann auch noch Sänger Till die Schläfe runter. Nichts ist echt an der Show, weder der Pimmel noch das Blut. Aber trotzdem sind die »Ossis«, wie Till die Band gerne nennt, lebendiger und ehrlicher als viele andere Acts in Deutschland. Die graugefärbten Haare bei ihren Auftritten haben die meisten immer als Stilmittel verstanden. Ich auch. Doch Till verriet mir, daß er bei der Eröffnungsnummer in dem brennenden, unbeweglichen Stahlmantel nie an seine Haare herankam, wenn ein paar Funken flogen. Ständig mußte ein Roadie kommen und ihm die kokelnden Strähnen ausklopfen. Deswegen schmiert er sich jetzt Penatencreme in die Haare: »Da kann man sogar einen Bunsenbrenner dranhalten, es passiert nix.« Und der Rest der Truppe fand die grauen Schläfen schick. »Rammstein, sponsored by Penaten« wäre sicher ein guter Werbedeal. Wenn da nicht die Sache mit dem Pimmel wäre ... Obwohl sie sich auf der Bühne als harte Jungs geben, sind sie verdammt herzlich. Und auf Konzerten hat ihr Kühlschrank in der Bandgarderobe für Besuch immer ein Getränk übrig.

East 17

Die Jungs aus Walthamstow hatten zwei große Leidenschaften: Singen und Rauchen. Ein Stengel qualmte immer bei der Band. Und irgend jemand summte immer mal wieder eine neue Melodie, die sofort zu einem spontanen A-cappella-Konzert ausartete. Nicht immer leicht zu ertragen, aber dennoch der Beweis, daß die ewigen Konkurrenten von Take That was von Musik verstanden haben. Das ist nicht unbedingt selbstverständlich in den heutigen Charts. Ob die vielen Zigaretten von Tony Mortimer und Co. verantwortlich für geringes Wachstum waren (durchschnittliche Größe: eins fünfundsechzig), ist nicht zu beweisen. Aber die Kleinen hatten auch Vorteile: Sie waren leichter und schneller in den Karts, als ich mit ihnen mal ein Rennen auf der Schumi-Bahn fuhr. Kein Wunder aber auch, mit diesem Sport sind sie in England groß geworden. Ein weiterer Pluspunkt (für die weiblichen Fans) war, daß man sich nicht strekken mußte, um sich ihre Küßchen abzuholen. Keine andere Band gab den Autogrammjägern nämlich Schmatzer auf den Mund. Brian Harvey war früher übrigens Maurer. Man munkelt, er hätte nach dem Zerfall der Band in diesem Jahr seinen alten Betrieb wieder kontaktiert.

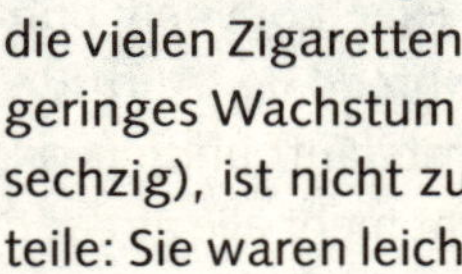

Kelly Family

Frage: Was ist klein, schwarz und steckt in einer ausgebeulten Lumpenhose?

Antwort: Das Handy von Paddy Kelly.

Diese Aussage wäre auch gültig, wenn der Name siebenmal ausgetauscht würde. Die Großfamilie ist nämlich sehr wohl mit den Errungenschaften der Technik vertraut, auch wenn man es ihr auf den ersten Blick nicht unbedingt ansieht. Die Family fährt auch nicht mit dem Fahrrad zum Konzert, sondern läßt sich mit fetten Limousinen abholen. Einen Stern müssen sie haben, sonst steigt Joey erst gar nicht ein. Als ich diese verzogene Horde zu einem Backstage-Interview traf, war mir klar, weshalb man so energisch versucht, ihr Bild in der Öffentlichkeit geradezurücken. Die wahren Kellies sitzen eben nicht zu acht am runden Tisch und sprechen ein Gebet vor der Suppe, sie lesen sich gegenseitig auch keine Gutenachtgeschichten vor. In Wirklichkeit gucken sie sich mit dem Arsch nicht an und gönnen sich untereinander die eigenen Fans nicht. Und weil die Stimmung in der schunkelnden Altkleidersammlung so verbittert ist, muß Vater Dan Kelly auch immer mit einem Ohr bei seiner musizierenden Altersversorgung sein. Hier kommen nun wieder die acht Handies ins Spiel: Eins steht während der Auftritte auf der Bühne, und der Alte lauscht dem bekannten Geklatsche von seiner luxuriösen Hotelsuite aus.

Kylie Minogue

Es kommt in der Musikbranche schon mal vor, daß man attraktiven Frauen hallo sagt. Aber die meisten sind doch eher Kunstprodukte ihrer jeweiligen Visagisten. Die kleine Lady aus Australien hat mir allerdings die Sprache verschlagen. Ein schlichtes schwarzes Kleid, natürliches Make-up und blonde Locken. Sie sah aus wie gerade aus dem Bett gekommen, dabei steckte eine tierische Arbeit dahinter. Egal, sie war bildhübsch, extrem nett und wahnsinnig charmant. Sie nahm auf dem *Was geht ab?*-Sofa Platz, und es war mir zum ersten Mal peinlich, daß es staubig war. Als der erste Interview-Part vorbei war, fragte sie schüchtern, ob sie ihre Schuhe ausziehen könne – und als ich stotternd bejahte, legte sie perfekt pedikürte Marzipanfüßchen neben mir auf das Polster ... O.k., hier höre ich auf zu erzählen. (Die Geschichte nahm leider kein Happy-End.) Kaum eine Musikerin hat sich so gemacht wie die frühere *Neighbours*-Darstellerin. Und als ihr ehemaliger Freund, der verstorbene INXS-Frontmann Michael Hutchence, einige Wochen nach ihr in der Maske neben mir stand und auf der Promi-Wand Kylies Gesicht auf einem Polaroid sah, huschte ein zufriedenes Lächeln über seine Lippen:

»Kylie scheint sich aber wohlgefühlt zu haben, als sie hier war.«

Und ich erst!

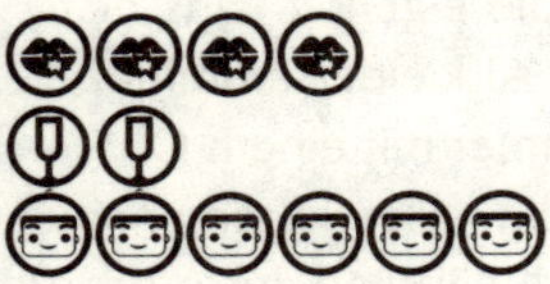

Hulk Hogan

Zugegeben, ich bin nicht der Muskulöseste unter der Sonne. Aber das, was der Mann mit dem gelben Tuch auf dem Kopf so vorzuweisen hat, ist doch unverschämt. Bei seinem Händedruck ging ich schon das erste Mal in die Knie – und sah eine blitzend weiße Zahnreihe aus Jacketkronen. Da muß wohl doch schon mal einer stärker gewesen sein als Hulk Hogan. Der Wrestling-Gott aus Amerika stellte sich Aleks' und meinen Fragen zu seinem ersten Kinofilm, und dann packte mich mein Ehrgeiz. Ich wollte mich einmal mit dem stärksten Mann der Welt im Armdrücken messen. Er lachte, und ich konnte es verstehen. Als mir der Schweiß schon von der Stirn rann und ich meine zweite Hand zu Hilfe nahm, hatte er wahrscheinlich gerade mal vier Prozent seiner Myosinfilamente mit der Kontraktion seiner Muskeln beauftragt. Aleks unterstützte mich und schwang sich mit ihrem ganzen Körpergewicht auf den sonnenbankgegerbten Hünen, und zusammen brachten wir das Monument ins Wanken. Sein Arm bewegte sich langsam in die Schräglage, und als er einen 45-Grad-Winkel bildete, stand ich auf und brachte meine 70 Kilo mit ein. Rums! Wir hatten ihn besiegt. Ihn und seine Rolex, die beim Aufprall der Hand ihren Armbandsplint verlor und auseinanderbrach. Würde der menschgewordene Godzilla jetzt vor Wut Feuer spucken und unsere Köpfe gegeneinanderkrachen lassen? Nein, sein Manager meinte süffisant:

»Die kann Hulk verschmerzen, er hat zwanzig davon. Und außerdem war sie nicht echt.«

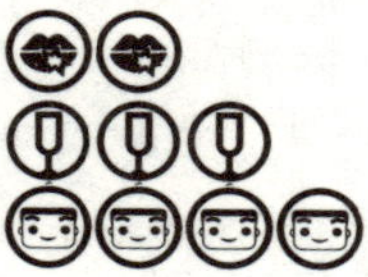

Backstreet Boys

Wenn Brian schon tief und fest in einem x-beliebigen Hotelbett schlummert und seinen Lieblingsteddy im Arm hat, bestellen sich Kevin und Howie meistens noch ein Getränk. Und das ist bestimmt kein Kelts. Die beiden sind die Partylöwen der Backstreet Boys, und manchmal bekommen sie Unterstützung von A.J. – aber nur manchmal. Der tätowierte Vorzeige-Halbstarke der Teenie-Band ist nämlich eher ein Ankündigungsminister. »Ich komme gleich nach«, sagt er öfter und verschwindet im gleichen Moment mit dem Schlafanzug. Und Fan-Liebling Nick macht gerne eine Welle: Das Essen sei zu schlecht, der Club langweilig, das Bier schon warm ... Sein kleiner Bruder Aaron Carter ist sicherlich leichter glücklich zu machen, man müßte ihn nur wieder nach Hause in die Grundschule schicken. Aber statt dessen pusht ihn seine geldgeile Mutter ins Popgeschäft und zwingt ihn zu Auftrittmarathons, die den wahrscheinlich noch nicht mal 9jährigen völlig verschrecken. Vor der

Kamera sucht er mit seiner Hand nicht selten bei Moderatoren Halt, und für eine zu unfreundliche Verabschiedung bekommt er backstage einen Satz heiße Ohren von seiner Erziehungsberechtigten. Lachen kann er zum Glück auch manchmal, und zwar über Brian. Der hat von allen den meisten Schlaf, und darum kann er tagsüber die beste Stimmung verbreiten – ein frohgelaunter Zeitgenosse, dem aber ein ordentlicher Partyabend auch mal ganz guttun würde.

Mr. President

Hilflos und ein bißchen alleingelassen stand Lady Danii auf der Prager Karlsbrücke, als Rod D. von Fun Factory und Snap-Rapper Turbo B den *Was geht ab?*-Außendreh in die Hand nahmen und aufgesetzt Stimmung verbreiteten. Wer zum Henker ist noch mal Rod D.? Und wie sieht eigentlich Turbo B aus? Die schüchterne Lady Danii von Mr. President aber kennt dafür heute jeder. Was wohl nicht zuletzt an einer freizügigen Fotosession liegt. Oder an der freizügigen Art von T (»Hi, wie geht's dir? Ich habe zur Zeit keinen Freund«). Die beiden haben sich gegen die ganzen Dancefloor-Kapellen aus alten Tagen durchgesetzt, egal, ob sie jetzt selber singen oder nicht. Ist doch ziemlich realistisch, daß eine zierliche Teenie-Blondine die Stimme einer 50jährigen schwarzen Soul-Röhre hat ... Ihren Echo-Award und andere Auszeichnungen werden sie auf jeden Fall nicht wieder zurückgeben müssen. Wenn das Rob Pilatus noch erlebt hätte!

Caught in the Act

Wenn ihr auch mal einen so durchtrainierten Body wie Benjamin Boyce haben wollt, dann kloppt euch eine Eisenstange in die Wohnung und macht abends vor dem Schlafen achtzig Klimmzüge. Das hat bei ihm jedenfalls geholfen. Die Jungs aus Holland waren aber nicht immer so diszipliniert. Es kam auch schon mal vor, daß sie das eine oder andere Gläschen zuviel tranken, was sie sympathisch macht. Aus der angeblichen Plastik-Kapelle wurde dann eine Horde fröhlicher Partygänger. Auch ihnen selber schien es lange Spaß gemacht zu haben, denn trotz permanenter Trennungsgerüchte haben die Vier immerhin bis zu diesem Sommer durchgehalten. Sechs satte Jahre! Außerdem kümmerte sich wohl kaum eine Band so liebevoll um ihre Fans. Auf dem Bürgersteig kampierende Anhänger werden nicht etwa verjagt, sie bekommen für ihre Ausdauer und Rückenschmerzen als Trösterchen Autogramme und Fotos. Zu schlagen ist das nur noch mit einer Marcel Romanoff-Aktion: Der setzt sich im Flughafen oft zu seinen lauernden Fans auf den Fußboden der Abfertigungshalle und spielt mit ihnen Flaschendrehen.

Jenny Elvers

»Oberweite: 100 (Alles echt!)«

Das stand in ihrer Bewerbung, durch die ich zum ersten Mal in meinem Leben auf den Namen Jenny Elvers stieß. Nils Bokelberg und ich hatten 1994 im Casting-Büro zufällig einige Fotos von potentiellen neuen VJs entdeckt. Jenny wurde nicht genommen, obwohl wir beide nichts dagegen gehabt hätten. Ein paar Wochen später las ich ihren Namen noch einmal, im Klatschteil der *Bild*. Sie hatte angeblich was mit Udo Jürgens. Dann wechselten die Männer und Gerüchte täglich, und später lernte ich Jenny als Begleiterin von Stefan Raab kennen. Endlich erfuhr ich auch ihre Vorgeschichte: Sie ist sechs Jahre lang die Freundin von Ärzte-Sänger Farin Urlaub gewesen. Was für eine Karriere! Dabei stellte sie sich auf Parties immer nur neben die wichtigen Leute und ließ sich mit ihnen fotografieren, gab sie selbst mal zu.

Sie praktiziert diese Taktik immer noch, und zwar erfolgreicher denn je. Jenny E. ist das einzige Sternchen, das einen Hauch von Hollywood-Glamour ins spießige Deutschland bringt. Wer mit wem, warum erst jetzt und weshalb überhaupt? Ist doch egal. Klatsch, Tratsch, Wiedersehen! Nur einen Fehler hatte die sonst so perfekte Strategie von Jenny: Warum zwanzig Kilo abnehmen? Sie wollte nicht mehr die »dralle Blonde« sein – aber nur so funktionierte sie doch. Die aufregende Liaison mit Heiner Lauterbach flutschte bald auch nicht mehr. Aber es kam ja mit Thomas D. vorübergehend ein anderer. Und wo lernen sich solche Menschen kennen und lieben? Auf der Aftershow-Party eines Modern Talking-Konzerts. Was für eine cherry, cherry Lady!

DJ Bobo

Eine Zeitlang wurde er bei VIVA nur »der Elefantenmensch« genannt. René Baumanns hohe Stirn, die komische Frisur und das enorme Muttermal im Gesicht sind nicht unbedingt äußerliche Stärken. Wir korrigierten jedoch schnell unseren ersten Eindruck. Bobo war stets freundlich, aufmerksam und witzig, wenn auch ein wenig gewollt. Aber er stellte sich allen Verarschungen, und das zeigt Größe. Manchmal ließ er auch den Strategen raushängen. Beim VIVA-Benefizwochenende zugunsten Ruandas war er natürlich mit von der Partie, aber in der Maske tat er seine persönliche Einstellung zu der Aktion kund: »So schlecht geht es denen da unten bestimmt nicht. Immer diese Spendenaktionen ...« O.k., Herr Discjockey, das war ein Ausrutscher, ich bin mir sicher. Ein Mann, der so gerne in der Menge badet und immer wieder in Osteuropa auftritt, weil er dort angesagter ist als Michael Jackson – der muß doch ein Menschenfreund sein. Er betont oftmals unaufgefordert, daß er seit vier Jahren nicht mehr ohne Bodyguard das Haus verlassen kann. Aber das ist doch immer noch besser, als wenn es wieder problemlos möglich wäre, oder? Also Bobo, take control of your mind! (Your body and your soul!)

Westernhagen

Ich sah so scheiße aus wie selten. Trug ein pißgelbes Fußballtrikot, das nach der Auswärtskluft von Eintracht Frankfurt geschneidert worden war – und es stand VIVA drauf. Aber ich war stolz auf die 10 und wollte sie in der Sendung unbedingt zur Schau stellen. Mit neuem Sporttrikot und alter Jeans setzte ich mich in Bewegung und klopfte an die Garderobentür, an der »VIP-Raum 1« stand. Drin saßen ein bleicher Mann mit blauer Jack Nicholson-Matrosen-Strickmütze und eine schwarze Frau, die gerade einen Löffel Suppe zum Mund führte, pustete und ein wenig probierte. Sie nickte anschließend und steckte dem hungrigen Musiker den Suppenlöffel in den Hals. Marius Müller-Westernhagen ließ sich tatsächlich von seiner Frau das Essen vorkosten? Ja, aber Romney hatte den Job freiwillig übernommen. Sie macht so was eben. Bindet ihm hinter der Bühne die Schuhschleife und freut sich über Fans, die immer noch »Zugabe« brüllen, wenn sie mit ihrem Star-Ehemann schon längst im Auto auf dem Weg zum Hotel ist. Ihr imponiert aber nicht die Zuneigung der Anhängerschaft – sie findet gut, daß die Strecke noch völlig frei ist.

Marius war damals sehr nett beim Interview. Er war fußballbegeistert, lustig und wurde trotz meines Trikots nicht blind. Er kündigte sogar an, uns beim nächsten Spiel der VIVA-Mannschaft zu unterstützen. Einen weiteren Stürmer hätten wir auch dringend gebrauchen können, denn auf Promi-Turnieren waren wir meist letzter Sieger. In Marius selbst steckt, glaube ich, immer noch ein Stück Schneemann, aber seine stets um ihn besorgte und trotzdem abgezockt wirkende Frau scheint den Rebellen langsam, aber sicher zu schmelzen.

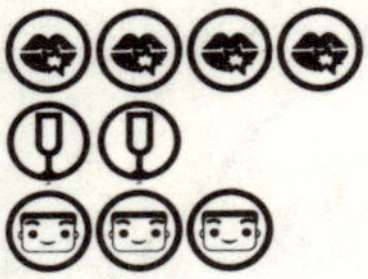

Ozzy Osbourne

Kennen die meisten von euch sicher gar nicht mehr. Ich bin auch keiner dieser Mattenträger aus den 80ern, die seine Musik, sein Ratten-den-Kopf-Abbeißen und sein Outfit gut fanden. Er ist aber so was wie ein Synonym für alle die Kollegen, die immer noch auf der Bühne stehen, obwohl sie längst an den Tropf gehören. Bei Ozzy ist es schon so schlimm, daß bei seinen *Rock am Ring*-Auftritten mindestens vierzig Ordner dafür sorgen müssen, daß er sowohl backstage als auch on stage nicht fotografiert wird. Zugegeben, attraktiv wäre so ein Foto auch wirklich nicht. Er sieht zwar mit seinen langen Zotteln von weitem aus wie Alanis Morissette, aber da seine Fortbewegung ziemlich stakkatomäßig vonstatten geht, ist er ein jämmerlicher Anblick und damit für Paparazzi ein gefundenes Fressen. Die Wassermassen in seinen Knien haben schon solche Dimensionen angenommen, daß er Hosen braucht, deren Beinöffnungen einem Fußball Platz bieten würden. Sein enormer Drogenkonsum macht den unübersehbaren Kasten nötig, der den Fans regelmäßig die Sicht nimmt, wann immer Ozzy seine Black Sabbath-Songs auf der Bühne zum besten gibt. Darin läuft der Text ab. Nicht auf einem Teleprompter, sondern auf zweien, um den Sänger wirklich niemals in eine unangenehme Situation kommen zu lassen.

Auch einige Bandmitglieder von Kiss mußten beim *Cometen* 1996 gestützt werden, um trotz ihrer versoffenen Glieder die Bühne erklimmen zu können. So ist das eben, wenn man in den wilden 70ern Popstar war. Damals gehörte noch zum Standard, was bei *Rock am Ring* sicher Luxus war: Der Konzertveranstalter stellte den Musikern im Hotel neben einer korrekt ausgestatteten Bar auch noch was Handfestes zur Verfügung – eine ganze Etage voller Nutten. Aber auch bei denen hätte Ozzy sicherlich Hilfestellung benötigt.

Falco

Einen cooleren Menschen habe ich in meinem ganzen Leben nicht getroffen. Allein diese gelackte Brisk-Frisur war nicht zu toppen. »Love it or leave it« lautete sein Standardspruch, und der paßte verdammt gut auf den Ösi. Als er mich mal auf meine Moderatoren-Kollegin ansprach, wollte er sicherlich von Mann zu Mann mit mir reden, und das war schon Lob genug:

»Moderierst' nur mit der, oder hast' auch a Verhältnis mit ihr? Die is ja ganz zauberhaft.«

Ich konnte seine Erwartungen nicht erfüllen und verneinte.

»Selbst schuld« war seine Wertung.

Falco war genau so, wie man es überall lesen konnte. Er trank, nahm Drogen und hatte Frauen ohne Ende. Und das alles auch auf der einzigen Party, bei der ich ihn mal erlebt habe. Vielleicht war diese Sucht nach einem Kick auch ein Grund für sein viel zu frühes Ableben. Jetzt, wo Falco tot ist, sprengt er wieder sämtliche Verkaufszahlen, aber zwischenzeitlich wollte niemand was von ihm wissen, weil er immer unberechenbar gewesen ist. Andere Musiker basteln da lieber fleißig an einem Image, um es in Wirklichkeit nur zu zwei Prozent zu erfüllen. Keith Flint zum Beispiel, der gepiercte Prodigy-Shouter, wohnt manchmal bei seiner Mutter auf dem Bauernhof. Und in Hotels macht er das vom Zimmermädchen frisch bereitete Bett stets noch mal neu. Es ist ihm immer zu unordentlich.

Marky Mark

Jetzt heißt er wieder Mark Wahlberg. Als ich ihn in der Sendung hatte, war er aber noch das rappende Teenie-Idol mit der runtergelassenen Hose und den Calvin Klein-Schlüpfern. Er soll sich sehr verändert haben, liest man so. Stimmt! Das, was er heute in seinem Pornostar-Film anprangert, hat er früher selbst praktiziert – so fast jedenfalls. Direkt nach meinem Interview mit ihm und seinem Kollegen Prince Ital Joe (das eher zähflüssig verlief, da die Künstler unter einem Jetlag litten und keinen Ton rausbekamen) schnappten sich die beiden putzmunter einen Fan vorm Hotel und nahmen das Mädel mit aufs Zimmer. Ein gefundenes Fressen für die Medien, zumal die 17jährige hinterher behauptete, sie sei von den beiden vergewaltigt worden. Nichts davon stimmte – sie war völlig freiwillig mitgekommen, und Mark hatte überhaupt kein Interesse an ihrer Person. Ital Joe mußte allerdings für 24 Stunden in U-Haft.

Wie sich später zeigte, war diese Unterstellung für Marky Mark entscheidend für seinen Rückzug aus dem Musikgeschäft. Er hatte keinen Bock mehr auf gestählte Bauchmuskeln und Designershorts, die völlig schlecht verarbeitet sind und kratzen, wie er zugab. Manager, die schon vor einem Interview die Fragen haben wollten, nervten ihn (mich übrigens auch), und er schmiß seinen Job. Jetzt verkörpert er im Kino den Stech-Künstler John Holmes und ist vielleicht bald reif für einen Oskar. Als er mit Schlaf in den Augen und abgekauten Fingernägeln auf dem

Was geht ab?-Sofa rumlungerte, war diese Karriere nicht gerade abzusehen.

Die Fantastischen Vier

Der Typ, der bekifft vor einer Stuttgarter Bühne rumtanzte, auf der sich vier mittelprächtige Deutschlandrapper namens Terminal Team die Seele aus dem Leib shouteten, konnte nicht ahnen, daß ich sechs Jahre später mit ihm in den Skiurlaub fahren sollte. Er hat auch nicht gewußt, daß aus der Schülerband vor ihm mal die erfolgreichste deutschsprachige Hip Hop-Band werden würde. Und ich rechnete damals nicht damit, Smudos dreißigsten Geburtstag »Pacman« spielend mit ihm vor dem Computer zu verbringen. Der haschrauchende Kollege ist sein Schulkamerad gewesen, was ich erst viel, viel später erfuhr – als wir diesen legendären Auftritt aus den Anfangstagen der Fantas auf Video sahen. Die Welt ist klein.

Kein Mensch dachte, daß deutschsprachiger Rap jemals so populär werden würde. Als die Fantastischen Vier mal in Bad Salzuflen vor vierzig zahlenden Zuschauern im Glashaus auftraten, arbeitete ich noch als Hospitant für die Zeitung und gab diesen Kulturtermin lieber an einen freien Mitarbeiter ab. Ich entschied mich für die Berichterstattung des Kreisliga-A-Fußballspiels Post SV Detmold gegen SuS Pivitsheide. Inzwischen haben die vier Stuttgarter ihr zehnjähriges Jubiläum gefeiert und gehören immer noch zu den größten Partylöwen der Nation. Auf und hinter der Bühne. Obwohl ich ein ziemlich fanatischer Fußballgucker bin, würde ich inzwischen auf jeden Fall ein Konzert von ihnen vorziehen.

Ich hatte immer einen guten Draht zu den Kollegen aus London. Und das ist keine blöde Platitüde. In Paris zum Beispiel habe ich mit einem Redakteur von MTV mal die Kassetten ausgetauscht, da bei einem Konzert nur eine Kamera pro Sender erlaubt war. Um eine zweite Perspektive von der Bühne zu haben, schickten wir uns die kopierten Bänder zu. Heimlich natürlich, denn die Herren in den oberen Etagen sahen den Konkurrenzkampf etwas verkniffener. So lautete die interne Begründung für die strengen Sicherheitsmaßnahmen im neuen VIVA-Gebäude auch immer: Der Feind könnte unser Programm sabotieren. Sicher, die hatten ja auch nichts Besseres zu tun, als mit einer Kombizange unsere Kabel durchzutrennen. Die VJs von drüben waren alle recht o.k. Vielleicht ist es nicht unbedingt nötig gewesen, daß Kimsy auf einer *Echo*-Verleihung mit zwei Bodyguards rumgerannt ist – wenn sich selbst Tina Turner das Tiramisu alleine vom Büfett holen konnte. Aber solche Typen wie Toby Amies, Steve Blame oder der Kollege, der aussieht wie ich vor vier Jahren (weshalb wir oft verwechselt werden: »Bist du nicht der Typ von *Hot*, der immer so schlecht Englisch spricht?« – »Nein! Aber das mit dem Englisch, das könnte hinkommen.«), hatten auf Parties viel Unterhaltsames.

Alles in allem bin ich jedenfalls ziemlich froh, daß bei mir auf Programmplatz zehn heute Musik läuft und keine Dokumentation über das Paarungsverhalten der Bisamratten. Danke, MTV!